GAODENG XUEXIAO ZHUANYE JIAOCAI

• 高等学校专业教材 •

[高校教材]

科技论文写作与论文答辩

[食品类专业适用]

崔桂友 编著

中国轻工业出版社

图书在版编目（CIP）数据

科技论文写作与论文答辩 / 崔桂友编著. —北京：中国轻工业出版社，2025.5

高等学校专业教材：食品类专业适用

ISBN 978-7-5184-0381-3

Ⅰ.①科… Ⅱ.①崔… Ⅲ.①科学技术—论文—写作—高等学校—教材 Ⅳ.①H152.3

中国版本图书馆CIP数据核字（2015）第103687号

责任编辑：史祖福　　责任终审：滕炎福　　整体设计：锋尚设计

策划编辑：史祖福　　责任校对：晋　洁　　责任监印：张京华

出版发行：中国轻工业出版社（北京鲁谷东街5号，邮编：100040）

印　　刷：三河市国英印务有限公司

经　　销：各地新华书店

版　　次：2025年5月第1版第8次印刷

开　　本：787×1092　1/16　印张：12

字　　数：271千字

书　　号：ISBN 978-7-5184-0381-3　定价：36.00元

邮购电话：010-85119873

发行电话：010-85119832　010-85119912

网　　址：http://www.chlip.com.cn

Email：club@chlip.com.cn

250836J1C108ZBW

前言

本书是在编著者本人编写的《科技论文写作》讲义的基础上修改而成的。在编著者讲授科技论文写作课的10多年中，该讲义历经多次修改，并先后在20多个本科生班级和10多届研究生班级中使用过，被学生们称为在写作论文时随手翻阅的“红宝书”。在本次提交出版之前，又对该讲义进行了大幅度的修改和补充。

1. 编写意图

本科生和研究生要获得相应的学位，就必须撰写学位论文，且必须通过论文评审和论文答辩。此外，对硕士和博士研究生而言，在学位授予单位规定的毕业条件中，通常把发表期刊论文的数量和层次作为必备条件，并且还将发表期刊论文的成果与评奖评优挂钩。因此，对于理工科的本科生和研究生来说，掌握科技论文写作的规范和要求，是非常有必要的。

编著者作为高校教师和研究生导师，每年都要修改、评审和参与答辩数十篇本科生和研究生的学位论文；同时作为多家重要期刊的审稿人，每年也评审为数不少的投稿论文。在此过程中，见识了无数的错误和失败。究其原因，一是论文的写作者没有掌握科技论文写作的基本规范和要领；二是写作者不会模仿与参照已有的论文文本。本书编写的主要目的，是让本科生和研究生掌握撰写科技论文的规范，了解学位论文答辩和国际期刊投稿的方法。

2. 主要内容

本书共有7章内容：第1章对科技论文的主要类型、质量要求、整体结构做了简要介绍；第2章和第3章分别对科技论文的前置部分（题名、作者署名、摘要、关键词）和主体部分（引言、正文、致谢、参考文献）的写作规范，做了针对性的阐述；第4章对科技论文的各个技术要素（标点符号、数字、量与单位、外文字符、图与表、数学式与化学式）的表达规范，进行了详细的叙述；第5章为科技论文的常见问题检查清单，供读者在提交论文前逐一对照核查；第6章介绍了学位论文的答辩技巧；第7章介绍了国际期刊的投稿流程；附录为拓展阅读材料目录。

本书重点介绍的是理工科实验性和观测性的学位论文和期刊论文的撰写。对于综述类论文，由于没有太固定的写作套路，本书没有单独介绍其写法。

3. 编写方法

本书的编写注意了以下几点：

规范讲解：尽量以国家最新颁布的有关科技论文写作的标准和规范为依据，结合实践运用情况进行诠释。

案例讲解：尽量选取一些在修改论文过程中收集的真实案例，以直观的方式进行讲解。

简明讲解：尽量使编写体系简单明了，层次分明，结构清晰；尽量使编写内容简明扼要，注重实用性。

本书的每章开篇都列出了“学习目标”，对本章的主要内容，按“了解”“掌握”“综合运用”三个层次标明了应达到的学习要求。这三个层次的要求从低到高，其涵义分别为：“了解”是指要求学生能够了解所列内容的要点，知其所然，识记要领，不必拘泥于过细的细节。这是低层次的要求，也是课程考核的非重点。“掌握”是指在识记的基础上，正确理解所列内容的含义，并能够分析和说明不同知识点之间的区别与联系。这是较高层次的要求，也是课程考核的重点。“综合运用”是指能够综合运用所学习的内容，解决实践中的问题，提高分析问题和解决问题的能力。这是最高层次的要求，也是考核内容的一部分。

本书的每章结束都附加了“本章小结”，对本章的要点进行了提纲挈领地总结。从某种意义上说，“本章小结”的内容，是本章重要的知识点。

本书的正文中适当加入了“小贴士”“提示”等，作为对相关内容的补充。

4. 适应范围

本书可用作理工科本科生和研究生的科技论文写作教材，同时也可作为科研人员从事科技写作的参考材料。

由于不同学科之间研究工作的性质有很大的差异，不同学科的科技论文在内容上和组合形式上也有很大差别，因此任何一本科技论文写作的教材都无法满足所有学科的需求。从这个意义上说，尽管本书对理工农医类的本科生和研究生具有普遍适用性，但更加适合食品类和营养卫生类相关的各个专业，包括食品科学与工程、食品质量与安全、粮食工程、乳品工程、酿酒工程等专业的本科生和研究生使用。

感谢中国轻工业出版社为本书提供出版机会，感谢出版社的编辑为本书的编写提出了建设性的意见。

本书的出版获得“扬州大学出版基金”资助，特此说明并谨此致谢！

尽管本书稿在提交出版之前修改了20多遍，但提交之时仍然诚惶诚恐，唯恐存在不当与错讹。欢迎本书的读者对本书的内容提出修改意见和建议，以便再版时参考。

博士、教授

扬州大学 旅游烹饪学院
食品科学与工程学院

目录
Contents

CHAPTER 1

第1章 科技论文概述

■ 学习目标

了解：科技论文的定义和类型，科技论文的质量要求。

掌握：科技论文的基本结构，特别是学位论文和期刊论文的基本结构，科技论文前置部分和主体部分的构成要素；科技论文整篇文档的序号编排方法。

综合运用：选取本专业的学位论文或学术刊物上发表的期刊论文为样本，分析其整体结构的构成，了解其整篇文档的序号编排。

1.1 科技论文的主要类型

科技论文主要包括学位论文和学术论文，其主要类型有：

- 科技论文
  - 学位论文
    - 学士学位论文
    - 硕士学位论文
    - 博士学位论文
  - 学术论文
    - 期刊论文
    - 会议论文

1.1.1 学位论文

1.1.1.1 学位论文的定义

在国家标准《GB 7713—1987科学技术报告、学位论文和学术论文的编写格式》（以下简称GB

7713）中，对学位论文的定义为："学位论文是表明作者从事科学研究取得创造性的结果或有了新的见解，并以此为内容撰写而成、作为提出申请授予相应的学位时评审用的学术论文。"

1.1.1.2　学位论文的特点

学位论文不同于一般学术论文。其主要区别表现在：

（1）撰写的目的性　学位论文主要是为申请授予相应的学位而提交评审和答辩所用，一般不出版发行，主要保存在学位授予单位的图书馆里，部分被授权收入学位论文数据库；而一般学术论文主要是为了公布新的研究成果，在学术期刊上发表或在学术会议上交流所用。

（2）整体的系统性　学位论文强调对某一专题研究的整体系统性，而一般学术论文强调对某项新成果的针对性。

（3）内容的详细度　学位论文一般不限篇幅，作者为了表明自己的知识掌握程度和研究能力，在"引言"中一般都比较详细地介绍本课题的研究历史和现状，在"材料与方法"中比较详尽地叙述研究方法和过程；而一般学术论文则需要高度精练，将已报道的有关材料以参考文献的方式列出。

例如，对实验方法的陈述，学位论文对一些具体的计算或实验过程等都叙述得比较详细，即使是沿用了已有文献的实验或计算方法，也可以再详细描述一遍；而一般学术论文如果沿用了已有文献的实验或计算方法，则只需简要说明并列出参考文献即可。

1.1.1.3　学位论文的种类

学位论文分为学士学位论文、硕士学位论文和博士学位论文三种。

（1）学士论文　GB 7713指出："学士论文应能表明作者确已较好地掌握了本门学科的基础理论、专门知识和基本技能，并具有从事科学研究工作或担负专门技术工作的初步能力。"

完成学士学位论文的目的，主要是使本科生了解科研的基本过程，在选题、查阅文献、开展研究、撰写论文等方面得到基本的科研训练，并在运用所学知识解决具体问题的能力方面得到锻炼。

对于学士学位论文的创新性，一般不做过高的要求。其选题可以借鉴和移植前人的研究思路、研究方法，甚至大部分是重复前人的研究工作，但必须由其本人完成并应具有自己的见解或结论。

学士学位论文的篇幅一般为0.6万~2万字。

（2）硕士论文　GB 7713指出："硕士论文应能表明作者确已在本门学科上掌握了坚实的基础理论和系统的专门知识，并对所研究课题有新的见解，有从事科学研究工作或独立担负专门技术工作的能力。"

完成硕士学位论文的目的，主要是使硕士研究生在科学研究方面得到一次全面的基本训练，具备科学研究工作或担负专门技术工作的能力。

对硕士学位论文的具体要求：

① 硕士学位论文应具有一定的工作量。要求在导师的指导下，由研究生本人独立完成论文工

作，投于论文课题研究的累计时间一般应在一年以上。

② 硕士学位论文应具有一定的创新性。要求在某些方面的研究有理论突破，或工艺改进，或技术革新，论文有自己的新见解。其创新程度，一般应足以在本专业较有影响的中文期刊上发表2篇以上的论文，或形成1个以上的专利。

对于没有创新性或者创新性不强的下述三种情况，都不能作为硕士学位论文提交：

在研究内容方面，只有资料综述而没有原创研究，或只解决实际问题而没有理论分析。

在科研设计方面，仅重复前人的实验或自己设计工作量不大的实验，得出的结论是显而易见的；或者只做过少量几个实验，又没有重复性和再现性，就匆忙提出一些见解和推论。

在论文写作方面，尽管实验工作量比较大，但只是报告了实验过程和实验结果，没有进行充分讨论，也未得出肯定的结论。

③ 硕士学位论文的结构一般是类似于图书的章节形式，其篇幅一般不受限制。

（3）博士论文　GB 7713指出："博士论文应能表明作者确已在本门学科上掌握了坚实宽广的基础理论和系统深入的专门知识，并具有独立从事科学研究工作的能力，在科学或专门技术上做出了创造性的成果。"

对博士学位论文的具体要求：

① 博士学位论文应具有系统性。应是针对某一课题形成一个完整体系的研究，类同于一本独立的专著。

② 博士学位论文应具有创新性。要求在某个领域的研究有较大的理论突破，或进行应用研究并有自己较多的新见解。其创新程度，一般应足以在本专业较有影响的国际期刊上发表2篇以上的论文。

博士学位论文的创新性，可以从以下四个方面来衡量，至少符合其中条件之一：

在理论上，发现有价值的新现象、新规律，建立新理论；

在方法上，对实验方法或检测技术有新创造、新突破；

在应用上，创造性地运用现有知识和理论，解决前人没有解决的工程关键问题；

在效益上，提出具有一定科学水平的新工艺或新方法，在生产中获得重大经济效益。

③ 博士学位论文的结构是类似于图书的章节形式，其篇幅一般不受限制。

小贴士

国家标准GB 7713对三种学位论文的区别描述得比较笼统。在实际评审和答辩过程中，评判学位论文的质量通常关注以下几点：① 选题的意义；② 研究的工作量；③ 研究的创新程度（含发表论文和申请专利等成果）；④ 写作的规范性。

1.1.2 学术论文

1.1.2.1 学术论文的定义

在GB 7713中，对学术论文的定义为："学术论文是某一学术课题在实验性、理论性或观测性上具有新的科学研究成果或创新见解和知识的科学记录，或是某种已知原理应用于实际中取得新进展的科学总结，用以在学术刊物上发表，或提供学术会议上宣读、交流或讨论，或作其他用途的书面文件。"

1.1.2.2 学术论文的种类

学术论文主要包括学术期刊论文和学术会议论文两类。

（1）学术期刊论文　期刊论文是作者自行撰写投稿，经同行评审并在学术刊物上发表的科技论文。包括：

① 论文（full paper, original paper, original article）：又称全论文，对某一创新性研究成果进行全面的报道并作分析讨论，是期刊论文最基本的类型。其篇幅通常为4～8个出版页。

② 通讯（communication）：与论文没有本质的区别，篇幅稍短。其篇幅通常为3～4个出版页。

③ 简报（short report, letter, note）：或称快报，以简要的形式对某一研究成果进行短小精悍的报道，注重报道的新颖性和时效性，不强调全面性。一般不需要写摘要，引用参考文献的数量也要精选。简报论文既可发表在设立简报栏目的期刊，也可发表在专门的快报类期刊。其篇幅通常在2个出版页以内。

④ 综述或评论（review, comment）：是对已经发表的文献资料进行综合评述，属于三次文献。撰稿人针对某一个专题，在博览本专题国内外文献的基础上，高度浓缩几十篇甚至上百篇散乱无序、重复甚至矛盾的同类文献，对其成果与存在问题或争论焦点进行归纳整理，使之条理化和系统化。作者可以不掺杂个人的任何观点，仅按个人思考的体系组织资料、编写成文；也可在此基础上分析其发展趋势，并表明作者自己的观点。综述或评论并不特别强调在研究内容上的原创性，但一篇好的综述或评论文章，也常常包含某些先前未曾发表过的新资料或新思想。综述和评论不仅可以节约科技工作者查阅专业文献时间，而且还有助于科研人员借鉴他人成果，选择科研方向，寻找科研课题等。综述或评论既可发表在设立综述栏目的期刊，也可发表在专门的综述类期刊。其篇幅没有特定要求。

（2）学术会议论文（proceedings）　主要用于学术会议交流，有时汇编成会议论文集。

学术会议论文既有原创性的研究论文，也有反映学术进展的综述和评论。

1.2 科技论文的质量要求

对科技论文的质量要求，主要包括内容的要求（创新性、学术性）和形式的要求（规范性）。

这也是评判学位论文是否合格、期刊论文能否发表的基本标准。

1.2.1 创新性

科技论文的创新性，又称为原创性或独创性，指所报道的主要研究成果是前人未曾研究的，或虽已有研究但仍值得深入探讨的问题。例如，发现某一新理论、新原理，或提出某种新应用、新方法、新工艺等。创新性是学术论文的主要质量标准，创造性越大，学术论文的价值越高。

创新是科技论文最重要的特征。科学研究就是对科学技术的未知领域进行探索的智力性劳动。Research字面上包含“re-”和“search”，“re-”即“再”，要利用前人积累的知识和方法，体现了科研的继承性；“search”即“探索”，要探索未知，体现了科研的创新性。

（1）创新的类型　创新的类型与选题密切相关。科研选题的类型主要有：

① 基础研究：即纯理论研究，其目的是认识现象，探索未知，获取知识，而不考虑其直接的应用价值和经济效益，选择这类课题是因为“有理论意义”。例如，为什么面粉能做成面包？其成果形式主要是论文、专著等。

② 应用研究：其目的是在综合利用基础理论的基础上，提出解决某一问题的方案或方法，寻求其潜在的用途和间接的经济效益，选择这类课题是因为“有应用意义”。例如，面粉做成面包的最佳发酵条件是什么？其成果形式主要是论文、专著、专利等。

③ 开发研究：其目的是创造新方法、新技术和新产品，选择这类课题是因为有经济效益。这类课题的理论原创性不一定很高，但能够直接产生经济效益。例如，利用发酵工艺研制出各种烘焙产品等。其成果形式主要是论文、专利等。

（2）创新的程度　创新的程度因研究的深度而异。提出了前人没有的新观点，属于创见性文章；弥补了前人不完善的观点，属于发展性文章；说出了与前人不同的观点，属于争鸣性文章。

1.2.2 学术性

科技论文的学术性，指科技论文所承载的学术价值。体现在以下两个方面：

（1）内容有理论分析　科技论文侧重于对事物发展的内在本质和发展变化规律进行论述，是系统化了的理性认识。需要将实验或观测所得的结果，从理论上进行分析，进而得出科学的结论。

如果只叙述实验方法和实验结果，没有理论的升华，只能算作实验报告，不能算作学术论文；如果只有开发应用，没有理论的探讨，也只能算作研发报告，不能算作学术论文。

（2）内容须真实可靠　科技论文的内容必须严谨，实事求是，内容真实，实验数据可靠，引用文献资料准确无误，所得出的结论应经得住实践的检验。其内容不能违背客观规律，不能因个人偏爱而随意褒贬、武断轻信，更不能弄虚作假、伪造数据、篡改事实，甚至剽窃抄袭。

1.2.3　规范性

科技论文的规范性，是指科技论文的写作必须遵循相关的国际标准、国家标准、行业标准和学位授予单位或投稿期刊的要求。科技论文不是自由文体，在格式上就是“八股文”。

科技论文已形成了独有的规范要领和写作体例。在论文结构上，各个构成要素必须完备且合乎要求；在技术规范上，标点符号、数字、量与单位、外文字符、名词术语的使用，图表的设计和文献的著录等都应准确无误。

（1）撰写科技论文的相关标准　与科技论文撰写密切相关的国际标准、国家标准和行业标准主要有：

《GB 7713—1987科学技术报告、学位论文和科技论文的编写格式》：是规范学术论文写作的最基本的标准，在众多的有关科技论文写作的标准中具有核心地位。该标准对论文的编写要求、编写格式、前置部分（题名、作者署名、摘要、关键词等）和主体部分（引言、正文、结论、致谢、参考文献表等）的写作规范，以及论文的图、表、数学式和化学式、计量单位、符号和缩略词等，都做了具体的规定。

《GB/T 7713.1—2006 学位论文编写规则》是对GB 7713—1987中的学位论文编写规则的细化与补充。

《GB 6447—1986 文摘编写规则》和GB/T 3860—2009《文献主题标引规则》分别规范了文摘（摘要）撰写的基本规则和文献主题（含关键词）的标引规则。

《GB 3100—1993 国际单位制及其应用》规范了国际单位制及其应用。

《GB 3101—1993 有关量、单位和符号的一般原则》规范了量及其符号、单位及其符号的正确使用。

《GB/T 15834—2011 标点符号用法》《GB/T 15835—2011 出版物上数字用法的规定》和《GB 3358—1982 统计学名词及符号》分别规范了标点符号、数字用法和统计学符号的使用规则。

《GB/T 7714—2005 文后参考文献著录规则》和《GB/T 3469—2013 信息资源的内容形式和媒体类型标识》分别规范了参考文献的著录规则和参考文献的类型代码。

《CY/T 35—2001 科技文献的章节编号方法》是国家新闻出版署批准发布的行业标准，规范了科技论文的章节编排和层次编号。

《CAJ-CD B/T1—2007 中国学术期刊（光盘版）检索与评价数据规范规定（修订版）》是国家新闻出版署批准发布的行业标准，已被中国大多数学术期刊采用。

（2）撰写科技论文的具体规定　学位论文的写作规范，除了遵循相关标准外，还必须遵守学位授予单位所规定的学位论文格式要求。例如，各高校和研究所对本单位研究生提出的学位论文撰写规范等。

期刊论文的写作规范，除了遵循相关标准外，还必须符合拟投稿期刊的“投稿须知”或“Guide for authors”。

1.3 科技论文的整体结构

★ GB 7713规定 ★

在国家标准GB 7713中规定，科技论文的基本结构包括前置部分和主体部分，必要时还有附录部分。

- 前置部分
  - 封面、封二（学术论文不必要）
  - 题名页
  - 序或前言（必要时）
  - 摘要
  - 关键词
  - 目次页（必要时）
  - 插图和附表清单（必要时）
  - 符号、标志、缩略词、首字母缩写、单位、术语、名词等注释表（必要时）
- 主体部分
  - 引言—1
  - 正文—2
    - 2.1
    - 2.2
    - 2.3
      - 2.3.1
      - 2.3.2
        - 2.3.2.1
        - 2.3.2.2
        - ……
        - ……
      - ……
      - ……
      - ……
    - …
    - …
    - 图1（或图2.1）
    - 图2
    - ……
    - 表1（或表2.1）
    - 表2
    - ……
  - …
  - …
  - 结论
  - 致谢
  - 参考文献
- 附录部分（必要时）
  - 附录A
  - 附录B
- 结尾部分（必要时）
  - 索引
  - 封三、封底

1.3.1 学位论文的整体结构

（1）学士学位论文的结构　学士学位论文通常是一个研究内容范围狭小的专题，一般不需要分章节，其整体结构与一篇期刊论文的结构类似。

实验性或观测性研究的学士学位论文，其结构通常是：

中文摘要和关键词
英文摘要和关键词
目录
前言（含文献综述）
1□材料与方法（或“对象与方法”）
□□1.1□实验材料（或“研究对象”）
□□1.2□实验方法
2□结果
3□讨论
（2□结果、3□讨论：也可合并为“结果与讨论”或“结果与分析”）
4□结论（必要时）
参考文献
致谢

（2）硕士和博士学位论文的结构　硕士和博士学位论文通常是一个研究内容较多的专题，一般需要分章节，其整体结构与专著的结构类似。

硕士和博士学位论文的整体结构与期刊论文结构有所不同，但每一章的结构相当于一篇期刊论文，或者说每一章的结构相当于一篇学士学位论文，只是不需要每一章都写“摘要”。

硕士和博士学位论文的标题与层次格式，如果学位授予单位没有明确规定，可采用以下结构方式之一：

① 传统编排法：

目录
缩略词表
中文摘要和关键词
英文摘要和关键词
第一章□××××××
第一节□××××××
（以上：占行标题，居中）
□□一、×××××××××
□□（一）×××××××××
□□1.□×××××××××
（以上：占行标题，首行缩进或顶格）
□□（1）××××□×××
□□①××××□×××××
（以上：不占行标题，首行缩进）
第二章□××××××××
第三章□××××××××
第四章□××××××××
第五章□××××××××
致谢
攻读学位期间科研成果目录
附录（必要时）
（以上：占行标题，居中）

注：

• 层次（1）（2）（3）……和①②③……也可作为占行标题，但全文要统一。

• 如果以章为单位将参考文献单独编码，则参考文献列表放在每章末，与节同层次；如果以整本论文为单位对参考文献进行编码，则参考文献列表放在末章之后，与“第一章”“第二章”……同层次。

② 国际标准编排法：

```
              目录                      ┐
            缩略词表                    │
        中文摘要和关键词                ├ 占行标题，居中
        英文摘要和关键词                │
      1□××××××××                        ┘
1.1□××××××××××                          ┐
1.1.1□×××××××××                         ├ 占行标题，顶格或首行缩进
1.1.1.1□×××××××××                       ┘
□□（1）××××□×××                         ┐
□□①××××□×××××                           ┘ 不占行标题，空格接正文
      2□××××××××                        ┐
      3□××××××××                        │
      4□××××××××                        │
      5□××××××××                        ├ 居中标题
              致谢                      │
    攻读学位期间科研成果目录            │
          附录（必要时）                ┘
```

注：

• 如果正文内容很多，可以将各级标题编号提高一个层次，即“1.1”→“1”，“1.1.1”→“1.1”，“1.1.1.1”→“1.1.1”……但全文要统一。

• 层次（1）（2）（3）……和①②③……也可作为占行标题，但全文要统一。

• 如果以章为单位将参考文献单独编码，则参考文献列表放在每章末，与节同层次；如果以整本论文为单位对参考文献进行编码，则参考文献列表放在末章之后，与“1”“2”……同层次。

③ 混合编排法：

```
              目录                      ┐
            缩略词表                    │
        中文摘要和关键词                ├ 占行标题，居中
        英文摘要和关键词                │
    第一章□××××××××                     ┘
1□×××××××××××                           ┐
1.1□××××××××××                          ├ 占行标题，顶格
1.1.1□×××××××××                         │
1.1.1.1□××××××××××                      ┘
□□（1）××××□×××                         ┐ 不占行标题，空格接正文
□□①××××□×××××                           ┘ 首行缩进
    第二章□××××××××                     ┐
    第三章□××××××××                     │
    第四章□××××××××                     │
    第五章□××××××××                     ├ 占行标题，居中
              致谢                      │
    攻读学位期间科研成果目录            │
          附录（必要时）                ┘
```

注：

• 章的序号也可用阿拉伯数字，写为“第1章”“第2章”“第3章”“第4章”……

• 层次（1）（2）（3）……和①②③……也可作为占行标题，但全文要统一。

• 如果以章为单位将参考文献单独编码，则参考文献列表放在每章末，与节同层次；如果以整本论文为单位对参考文献进行编码，则参考文献列表放末章之后，与“第一章”“第二章”……同层次。

示例： 硕士学位论文的结构（混合编排法）

缩略词表

摘要

Abstract

第一章 绪论（或“前言”“导论”）

  1 选题依据（含文献综述）

  2 研究内容

  3 技术路线

  参考文献

第二章 大豆苷元转化菌株的筛选

  （简要前言）

  1 材料与方法

   1.1 实验材料

   1.2 实验方法

  2 结果

  3 讨论

  4 本章小结（因为每章没有“摘要”，所以必要时可以加一个“本章小结”）

  参考文献

第三章 大豆苷元转化菌株的种属鉴定

第四章 大豆苷元转化产物的分离、纯化及结构鉴定

第五章 大豆苷元及转化产物的抗氧化活性

致谢

攻读硕士学位期间科研成果目录（发表论文、申请专利等）

（注：第三章～第五章的基本结构，与第二章类同。）

摘自：硕士学位论文《大豆苷元C8羟基化的微生物转化》

硕士和博士学位论文的目录，应将论文的章节标题依次排列，论文章节目录通常只排到3级标题。

1.3.2 学术论文的整体结构

学术论文（包括期刊论文和会议论文）主要有7个必需的组成部分：

前置部分：
- 题名（中英文）
- 作者（姓名、工作单位或通讯地址）
- 摘要（中英文）
- 关键词（中英文）

主体部分：
- 引言
- 正文
- 参考文献

学术论文的标题与层次格式，一般均采用国际标准编排法。

1.3.3 整篇文档的序号编排

科技论文整篇文档的序号编排，参照行业标准《CY/T 35—2001 科技文献的章节编号方法》的规定：

（1）标题的层次　章、节层次或各标题层次，可分为若干级，一般以不超过4级为宜。

是否需要设立第4级，可根据其以下设立多少层次而定。

（2）标题的序号　章、节序号或各标题序号，一律用阿拉伯数字表示。1至4级序号的数字之间加半角符号下圆点“.”相隔，末位数字后面不加下圆点“.”。

4级以后可采用（1）（2）（3）…或①②③…以及ABC…或（a）（b）（c）…等。

示例：

$$\begin{matrix}1\\2\\3\end{matrix}—\begin{cases}2.1\\2.2\\2.3\end{cases}—\begin{cases}2.2.1\\2.2.2\\2.3.3\end{cases}—\begin{cases}2.2.2.1\\2.2.2.2\\2.2.2.3\end{cases}—\begin{cases}(1)\\(2)\\(3)\end{cases}—\begin{cases}①\\②\\③\end{cases}$$

（3）标题的格式　章、节编号后空1格再排章、节题名。

4级以上的标题一般为占行标题，即标题名称后面的文字，一般另行起排；4级以下的标题一般为不占行标题，即标题名称后面的文字，空格后连排（也可作为占行标题，全文要统一）。

（4）图、表、公式、参考文献的编号　论文中的图、表、公式、参考文献等，一律用阿拉伯数字分别依序连续编排序号。

序号可以就全篇论文统一按出现先后顺序编码，也可以对长篇论文分章依序编码。其标注形式应便于互相区分，例如，图1、图2–1（或图2.1）、表3–2（或表3.2）、式（5）、式（3–5）、附注1等。

■ 本章小结

1．科技论文的主要类型

按照国家标准GB 7713—1987的定义，科技论文的主要类型包括：

- 科技论文
  - 学位论文
    - 学士学位论文
    - 硕士学位论文
    - 博士学位论文
  - 学术论文
    - 期刊论文
      - 论文（full paper, original paper, original article）
      - 通讯（communication）
      - 简报（short report, letter, note ）
      - 综述（review, comment）
    - 会议论文（proceedings）

学位论文在撰写的目的性、整体的系统性、背景资料介绍和具体内容描述详略程度等方面，与一般学术论文有一定的区别。学位论文分为学士学位论文、硕士学位论文和博士学位论文3种。其中，学士学位论文着重使学生得到基本的科研训练；硕士学位论文和博士学位论文除了使学生得到科研训练外，更强调研究的系统性、工作量和创新程度。

学术论文主要包括学术期刊论文和学术会议论文两类。其中最常见的是期刊论文，包括论文、通讯、简报、综述或评论等类型。

2．科技论文的基本要求

科技论文的基本要求，主要包括内容的要求（创新性、学术性）和形式的要求（规范性）。这也是评判科技论文质量的基本标准。

科技论文的写作必须遵循相关的国际标准、国家标准和行业标准。除此以外，学位论文的写作还必须遵守学位授予单位的具体要求，期刊论文的写作还必须符合拟投稿期刊的投稿要求。

3．科技论文的整体结构

科技论文的整体结构包括前置部分和主体部分，必要时还有附录部分。学位论文和期刊论文都有7个必不可少的结构要素（题名、作者、摘要、关键词、引言、正文、参考文献）和1个非必备但常见的结构要素（致谢）。此外，学位论文还有封面、目录、缩略词表等。

科技论文整篇文档的序号编排一律用阿拉伯数字表示，分级一般以不超过4级为宜，各级数字之间加下圆点“.”，末尾一级数字不加下圆点“.”。

CHAPTER 2

第2章 科技论文的前置部分

■ 学习目标

了解： 科技论文中题名、作者、摘要、关键词的作用或目的。

掌握： 科技论文中拟定题名、署名作者、撰写摘要、选定关键词的基本要求、应注意的问题和常见的错误。

综合运用： 选取本专业的学位论文和已经发表的期刊论文为样本，分析其前置部分各个结构要素的成功与失败之处。

2.1 题名（title）

★ GB 7713规定 ★

1．题名是以最恰当、最简明的词语反映报告、论文中最重要的特定内容的逻辑组合。

题名所用每一词语必须考虑到有助于选定关键词和编制题录、索引等二次文献可以提供检索的特定实用信息。

题名应该避免使用不常见的缩略词、首字母缩写字、字符、代号和公式等。

题名一般不宜超过20字。

报告、论文用作国际交流，应有外文（多用英文）题名。外文题一般不宜超过10个实词。

2. 下列情况可以有副题名：

题名语意未尽，用副题名补充说明报告论文中的特定内容。

报告、论文分册出版，或是一系列工作分几篇报道，或是分阶段的研究结果，各用不同副题名区别其特定内容。

其他有必要用副题名作为引申或说明者。

2.1.1 题名的作用

题名又称篇名、题目、标题或文题，是以最恰当、最简明的词语反映论文中最重要的特定内容的逻辑组合，是全文的微型文摘和精髓。

题名的作用包括标签作用和检索作用。

（1）标签作用　题名相当于论文的标签，是读者认识全文的第一信息。

虽然论文的全文不一定会被所有的读者通读一遍，但是论文的题名却会被很多的读者看到。读者不管是从检索工具还是从期刊目录等处接触某篇论文，先看到的都是论文题名。读者通常根据题名初步判断是否需要阅读摘要或全文。题名如果表达不当，就会失去其应有的作用，使真正需要该论文的读者错过阅读的机会。

（2）检索作用　题名是被检索工具和数据库收录的重要项目，也是文献检索的重要线索。索引和文摘都依赖论文题名的正确性，如果题名不当，读者可能会检索不到。

正因为科技论文的题名十分重要，所以在科技论文的写作中，通常先草拟一个题名，在论文完成之后再根据论文内容仔细推敲，确定一个最恰当的题名。作者在确定题名时，应问一问自己：看到这种题名的论文我是否感兴趣继续往下看？我怎样在索引中寻找这篇论文？

2.1.2 拟定题名的基本要求

拟定题名有两个基本要求——简短（在形式上）、准确（在内容上）。

（1）简短　指题名要用最少的文字提供最丰富的信息。

题名应简明醒目，便于检索。在保证能准确表达论文中心内容的前提下，字数越少越好。

① 形式：题名是词语的逻辑组合，不要求是结构完整的句子，要比句子更简洁。题末不用句号或问号。

② 字数：用最少的文字，提供最多的信息。须慎重选择题名中的每一个字，对一些无关紧要的字词，统统删除。

③ 非特定词：题名尽量少用“……的研究”“……的探讨”“……的观察”“……的调查”“……的机理”“……的分析研究”“……的调查分析”等毫无检索意义的词。题名也尽量少用“关于……”

“浅议……”“浅谈……”“试论……”“……初探”“……漫谈”“……刍议”等自谦词。同样，在英文题名中应该省略多余的词，例如，Studies on (of) …, Analysis of …, Observations on …, Investigation on (of) …, Evaluation of …, Research on …, Evaluation of …, Experimental …, Report of (on) …, Review of …, Exploration and discussion on …等。

（2）准确　指题名的含义一定要与正文相符。

题名的外延和内涵要明确，要恰如其分地反映论文内容的范围和达到的深度。既要防止“小题大做”，又要避免“大题小做”。不能用笼统的、泛指的词语和华而不实的词藻。

如果题目太宽泛，没有体现论文的实质，读者可能一看到题目就会觉得与他研究的问题或者他所感兴趣的领域没有多大关系，从而放弃。

2.1.3　拟定题名的注意问题

（1）阿拉伯数字　题名中的数字应尽可能使用阿拉伯数字表达，但不能用于特定名词（如十二指肠、三烯酸等）。

（2）缩略语和化学式　题名应容易认读，尽量避免使用非公知公认的缩略语、首字母缩写字，避免使用分子式、结构式和化学方程式。

示例1：《MCC在冰淇淋生产中的应用研究》中的MCC为非公知公认的缩略语，应该改为《微晶纤维素在冰淇淋生产中的应用研究》。

示例2：《EGB对糖尿病大鼠肾脏的保护作用》中的EGB为非公知公认的缩略语，应该改为《银杏叶提取物对糖尿病大鼠肾脏的保护作用》。

示例3：《中西医HOAP方案治疗急性非淋巴细胞性白血病》中的“HOAP”，从正文得知是4种西药名的首字母缩写字，为非公知公认的缩略形式，不宜在题名中出现。

（3）副标题和引题　副标题多见于中文论文中，在正标题的下一行用破折号引出（主题名——副标题）；引题多见于英文论文中，在正标题之后由冒号引出（主题名：引题名）。

篇名中带有副标题或引题，不利于读者理解和文献检索，因此应尽量避免使用副标题和引题，只有在用正标题不足以表达清楚时才不得不用。如果一个大标题下设系列文章、每篇文章设副标题，最好改为每篇文章独立成篇。

示例：《大豆异黄酮的生理活性研究——大豆异黄酮的代谢及雌激素特性》，可以直接使用副标题做正标题，改为《大豆异黄酮的代谢及雌激素特性》。

（4）英文标题

① 中英文题名的一致性：同一篇论文，其英文题名应与中文题名在内容上一致，但不等于说词语要一一对应。要注意使用英语的方式表达，不能按照汉字的字面结构逐字“死译”。通常把重要的中心词提到前面来，放在突出的位置上。

示例1：Biotransformation of stevioside by *Leuconostoc citreum* SK24.002

示例2：Structure elucidation of fucoidan composed of a novel tetrafucose repeating unit from sea cucumber *Thelenota ananas*

② 题名中的冠词：以前在科技论文题名中的冠词用得较多，近些年有简化的趋势，凡可用可不用的冠词均可不用。

示例：The Effect of Groundwater Quality on the Wheat Yield and Quality. 其中两处的冠词the均可不用。

③ 题名中的大小写：题名字母的大小写有以下三种格式：

格式1：每个词的首字母大写，但3个或4个字母以下的冠词、连词、介词全部小写。

示例：Flavonols in Fresh and Processed Tropical Fruits

格式2：题名第1个词的首字母大写，其余字母均小写。

示例：Antioxidant properties of selected tropical wild edible mushrooms

格式3：全部字母大写。

示例：PHENOLIC AND ANTIOXIDANT COMPOSITION OF CIDER

目前格式1用得最多，而格式2的使用有增多的趋势。

2.1.4 拟定题名的常见错误

（1）题名不够简短（或含无检索意义词） 有的题名冗长，文字过于累赘，或含有无任何检索意义的非特定词，既不便于读者理解，也不利于文献检索。

示例1：《关于粮食中所含黄曲霉毒素的快速分析方法的研究》，改为《粮食中黄曲霉毒素的快速分析法》，字数由22个减少为14个字。

示例2：某实验分别以葛根素淀粉剂和异黄酮淀粉剂饲喂小白鼠，然后取乳腺称重，比较了雌激素作用的差异。论文题名写为《异黄酮与葛根素做比较异黄酮雌激素作用更强的研究进展》，可以改为《葛根素与异黄酮的雌激素作用比较》。

示例3：以下题名含有可以删除的无检索意义的非特定词（划删除线的词，均可删除）：

《辉县市烹饪技术人才培养状况~~的调查与分析~~》（河南农业, 2007, 8）

《广东省居民膳食营养状况~~研究~~》（华南预防医学，2005, 1）

《新疆南疆地方品种羊肉常规营养成分比较~~研究~~》（食品研究与开发, 2008, 12）

《2000—2004年天津市城乡居民膳食状况~~的调查分析~~》（营养学报, 2007, 5）

《锌对红细胞膜转运功能的影响~~研究~~》（营养学报, 2001, 4）

《转铁蛋白受体评估铁过量状况最佳临界值~~的研究~~》（营养学报, 2007, 5）

《紫山药营养成分分析~~研究~~》（营养学报, 2010, 2）

（2）题名不够准确

① 文题不符：有的论文题名体现的内容很广泛，但实际内容却很局限；有的论文标题反映的内容很局限，但实际内容却很宽泛。

示例1：某学生利用差的茶叶末作培养基，液体发酵培养灵芝，然后把混合发酵物作为液态灵芝菌茶。学位论文题名写为《灵芝在茶叶发酵中的应用研究》，该题名太笼统，可以改为《利用灵芝菌在茶培养基中发酵生产灵芝菌茶》。

示例2：某实验采用GC–MS法，对黄酒中的挥发性成分进行了分析。该论文题名写为《色谱法分析黄酒的化学成分》，该题名中的"色谱法"和"化学成分"都不够具体，可以改为《GC–MS法分析黄酒的挥发性成分》；或改为《黄酒的挥发性成分》，因为挥发性成分一般都是采用GC–MS法分析。

② 概念模糊：有的论文题名中含有模糊的概念，容易使读者发生误解。

示例：某论文题名写为《煎炸油质量测试仪的研制》。由于"质量"具有所含物质多少的质量（mass）与产品优劣程度品质（quality）等不同含义，而该论文章内容是指测量煎炸油的品质，而不是煎炸油的多少，因此题名应改为《煎炸油品质测试仪的研制》。

（3）用句子做标题　题名是词语的逻辑组合，不要求是结构完整的句子。但有的作者将论文题名写成了句子，甚至写成了口号和标语的形式。

示例1：题名《分子细胞生物学为中医药现代化打下了良好的基础》，可以改为《中医药现代化的分子细胞生物学基础》。

示例2：题名《加强实验教学与改革，坚持多开放实验室，为提高营养学专业学生的综合素质而努力》，可以改为《营养学专业的实验教学改革》。

2.2 作者（author）

★ GB 7713规定 ★

责任者包括报告、论文的作者、学位论文的导师、评阅人、答辩委员会主席以及学位授予单位等。必要时可注明个人责任者的职务、职称、学位、所在单位名称及地址；如责任者系单位、团体或小组，应写明全称和地址。

在封面和题名页上，或学术论文的正文前署名的个人作者，只限于那些对于选定研究课题和制订研究方案、直接参加全部或主要部分研究工作并作出主要贡献以及参加撰写论文并能对内容负责的人，按其贡献大小排列名次。至于参加部分工作的合作者、按研究计划分工负责具体小项的工作者、某一项测试的承担者以及接受委托进行分析检验和观察的辅助人员等，均不列入。这些人可以作为参加工作的人员一一列入致谢部分，或排于脚注。

如责任者姓名有必要附注汉语拼音时，必须遵照国家规定，即姓在名前，或连成一词，不加连字符，不缩写。

2.2.1 作者署名的作用

（1）标明本文科技成果的所有者　科技论文作为科研成果的重要表现形式之一，其署名的状况是科研人员申请学位、提升职称、评奖评优、申报课题等的重要依据。

（2）标明本文著作权的拥有者　《中华人民共和国著作权法》中规定“著作权属于作者”。著作权包括发表权、署名权、修改权、保护作品完整权、使用权和获得报酬权。在作品上署名即表明了作者的身份，并拥有作品的著作权。未经著作权人授权，其他任何人都不得占有、控制和修改其作品。

（3）标明本文的责任者　所谓文责自负，就是论文一经发表，署名者就应对论文负有学术上、道义上、政治上和法律上的责任。如果论文中存在作假、剽窃、抄袭的内容，或者在科学、技术和政治方面存在错误，那么署名者就应完全负责。署名即表示作者愿意承担这些责任。

（4）为读者与作者联系提供依据　署名为读者与作者联系提供了可能。读者阅读文章后，如果需要同作者商榷，或者向作者咨询或质疑，可以直接与作者联系。因此，科技论文必须署真实姓名。

2.2.2 作者署名的基本要求

作者署名有两个基本要求——署名的条件、署名的排序。

2.2.2.1 署名作者的条件

作者署名必须依据《中华人民共和国著作权法》和《GB 7713—1987 科学技术报告、学位论文和学术论文的编写格式》等相关法律和国家标准，进行规范署名。

（1）署名作者的条件

① 参与课题研究：应参与选定研究课题和制定研究方案，直接参加了全部或主要部分研究工作并做出主要贡献。

② 参与论文撰写：应参加过论文的撰写，是论文的执笔者，至少应参加过文稿的讨论或修改。

③ 认可文责自负：必须阅读过论文的全文，并同意其发表；对该研究成果具有答辩能力，并对论文的内容负责。

（2）不能作为作者署名的情况　以下人员都不能作为作者署名：

① 仅提供经费的机构或个人；

② 仅协助采取样本、提供样品或收集资料的人员；

③ 仅承担某项分析或某项实验的测试人员；

④ 仅参加讨论或者翻译、审稿、校对的人员；

⑤未参与研究的行政管理负责人。

虽然这些机构或个人对完成本论文不可或缺，但这些支持性工作本身还不足以使他们成为论文作者。作者可以在论文的“致谢”部分对这些人员表达谢意。

2.2.2.2　多个作者的排序

学位论文的署名一般不涉及作者排名问题。

期刊论文中由多位作者共同研究的成果，则涉及作者署名的排列顺序。

（1）排名方式　多位作者的排名，以贡献大小排列，不按学术威望，不论职位高低，不可照顾关系。

多位作者的署名之间要用逗号隔开，以便于计算机自动切分。

（2）第一作者（first author）　该论文的主要贡献者和直接责任者。第一作者既是实验工作的主要贡献者（即体力上的贡献），也是文稿的主要撰写者（即智力上的贡献），同时还是论文内容真实性的直接责任者（即第一责任人）。

如果两个以上的作者在贡献上难分伯仲，可以采取“共同第一作者”（joint first author）的署名方式，并在页面脚注说明“这些作者对研究工作的贡献是相同的（These authors contributed equally to the work）”。共同第一作者多见于国外科技期刊中，国内有的期刊声明不提倡署名共同第一作者，因为可能存在滥用作者署名权的问题。

（3）通讯作者（corresponding author）　第一作者之外的重要作者，在许多情况下，通讯作者的贡献可以视作等同于第一作者。标出通讯作者是国际上科技论文署名的一种惯例。

① 通讯作者的含义：通讯作者是论文的通讯联系人和主要责任人。

通讯作者作为论文的通讯联系人，既是投稿期刊编辑部的联系人，也是文章读者的联系人，接受读者对文章内容和研究材料的咨询。

通讯作者作为论文的主要责任人，对论文内容的真实性、数据的可靠性、结论的可信性，以及是否符合法律规范、学术规范和道德规范等方面负主要责任。

② 通讯作者的作用：通讯作者通常承担着课题经费保障、仪器设备保障、研究方案设计、文章修改等职责。

多数情况下，第一作者一般为直接参与课题研究的助手、研究生或进修人员。他们通常只参与课题的阶段性研究，而且工作单位可能会有变化，不便于读者联系。而本课题的负责人或研究生导师了解课题的整体情况，其工作单位一般比较固定，便于读者联系，所以担任通讯作者。

③ 通讯作者的排名位置：如果第一作者就是通讯作者，可以不特意标明通讯作者；如果没有特意注明通讯作者，默认第一作者就是通讯作者。在通讯作者和第一作者不一致时，有必要标明通讯作者。

通讯作者和第一作者对论文具有同等的贡献时，通讯作者可排在第一、第二位或其他位置。通讯作者也通常比较谦逊地将自己置于最后的位置。

在期刊论文署名时，通常在通讯作者后面标记星号“*”，并在页面脚注上注明“通讯作者”或“Corresponding author”。

示例1：第一作者就是通讯作者（摘自*Food Chemistry*, 2015, 177:1−7.）。

Impact of β-amylase degradation on properties of sugary maize soluble starch particles

Ming Miao *, Rong Li, Chao Huang, Bo Jiang, Tao Zhang

页面脚注：

* Corresponding author. Tel.: +86 (0)510 853 27859; fax: +86 (0)510 859 19161.

E-mail address: miaoming@jiangnan.edu.cn (M. Miao).

示例2：第一作者不是通讯作者（摘自*Food Chemistry*, 2015, 177:8−16.）。

Drying and denaturation characteristics of whey protein isolate in the presence of lactose and trehalose

M. Amdadul Haque, Jie Chen, Peter Aldred, Benu Adhikari *

页面脚注：

* Corresponding author. Tel.: +61 3 9925 9940; fax: +61 3 9925 3747.

E-mail address: benu.adhikari@rmit.edu.au (B. Adhikari).

2.2.3 中国作者的姓名音译

中国作者在中文论文中的英文署名部分或者向外文期刊投稿署名时，都涉及中国作者的姓名音译方法和拼写方式。

（1）音译方法　国际标准和国家标准都规定，中国大陆作者的姓名译成外文必须使用汉语拼音。

（2）拼写方式（在中文期刊中署名）

① 国家标准《GB/T 16159—2012 汉语拼音正词法基本规则》规定：姓和名分开，姓前名后。姓氏的首字母大写，复姓连写。名字的首字母大写；双名中间不加连字符，不缩写。

示例：

Guo Shoujing（郭守敬）

Wang Jianguo（王建国）

Dongfang Shuo（东方朔）

Zhuge Kongming（诸葛孔明）

这种规则存在一定的缺陷，在一些特殊情形下容易发生误解。例如，“田桢干”如果写为“Tian Zhengan”，易误为“田正安”，类似的还有“刘长安”“李西安”“张萍儿”等。

② 行业标准《CAJ-CD BT 1—2006 中国学术期刊（光盘版）检索与评价数据规范》规定：姓和名分开，姓前名后。姓氏的全部字母均大写，复姓连写。名字的首字母大写；双名中间加上连字符，不缩写。

示例：

GUO Shou-jing（郭守敬）

WANG Jian-guo（王建国）

DONGFANG Shuo（东方朔）

ZHUGE Kong-ming（诸葛孔明）

这种规则的优点在于姓与名区分明显，且在双名中间加上连字符，不易发生误解。但是这种拼写方法与国外期刊的方式不同。

（3）拼写方式（在外文期刊中署名） 国外期刊一般会尊重作者对自己姓名的表达方式，但大多倾向于大写字母只限于姓的首字母和名的首字母，这与我国的行业标准CAJ-CD BT 1—2006有所不同。

在不同的期刊发表论文，作者应尽量采用相对固定的英文姓名表达形式，以减少在文献检索和论文引用中被他人误解误用的可能性。

在向国际期刊投稿时，为了和欧美作者一致，一般采用“名前姓后”的署名方式。

示例：作者署名顺序问题，导致被别人引用错误

发表在1999年*Food Chemistry*上的一篇文章The determination of flavonoid contents in mulberry and their scavenging effects on superoxide radicals，作者姓名署名方式为“Jia ZhiShen, Tang MengCheng, Wu JianMing”，显然作者署名没有按照国外期刊“名前姓后”的惯例。结果导致2007年发表在*Food and Chemical Toxicology*上的文章Inhibitory effects of ethyl acetate extract of *Teucrium polium* on in vitro protein glycoxidation在引用这篇文献时，将作者错误地写为“Zhishen J, Mengcheng T, Jianming W.”

2.2.4 作者地址的标署

对于中文期刊论文，行业标准《CAJ-CD BT 1—2006 中国学术期刊（光盘版）检索与评价数据规范》规定：

（1）应标明主要作者的工作单位，包括单位全称、所在省市名（省会城市可略去省名）及邮政编码，以便于联系和按地区、机构统计文章的分布；单位名称与省市名之间应以逗号分隔，整个数据项用圆括号括起。

示例1：（中国科学技术大学 数学力学系，合肥 230001）

示例2：（Institute of Nuclear Energy Technology, Tsinghua University, Beijing 100084,China）

作者工作单位宜直接排印在作者姓名之下。如果注于地脚或文末，应以“作者单位：”作为标志。英文文章和英文摘要中的作者工作单位还应在省市名及邮编之后加列国名，其间以逗号分隔。

（2）不同工作单位的作者，应在姓名右上角加注不同的阿拉伯数字序号，并在其工作单位名称之前加与作者姓名序号相同的数字；如果某一作者属于多个与该文有关的单位，可将其一并列出；各工作单位之间连排时以分号隔开。

示例：

韩英铎[1]，王仲鸿[1]，李古兴[2]，相永康[2]，黄其励[3,1]，蒋建民[3]

（[1.]清华大学　电机工程与应用电子技术系，北京 100084；[2.]华中电力集团公司，武汉 430027；

[3.]东北电力集团公司，沈阳 110006）

（3）如果多位作者属于同一单位中的不同下级单位，应在姓名右上角加注小写的英文字母，并在其下级单位名称之前加与作者姓名上相同的小写英文字母。

示例：

邢茂[1a]，张恩娟[1a]，叶欣[1b]，张林[2]

（[1.]北京理工大学 [a.]化工与材料学院；[b.]机电工程学院，北京 100081；

[2.]南京理工大学　应用化学系，南京 210094）

（4）如果多位作者属于同一级单位，阿拉伯数字序号可省略。

示例：

张坤[a]，向文娟[a]，高朋芬[b]

（南京军区福州总医院 [a.]肝胆外科；[b.]眼科，福州市 350025）

2.2.5 作者简介

对于中文期刊论文，行业标准《CAJ–CD BT 1—2006 中国学术期刊（光盘版）检索与评价数据规范》规定：

（1）完整的作者简介包括作者的基本信息（姓名、出生年、性别、民族、籍贯/出生地）、简历信息（职称、学位、简历、研究方向等）和联系信息（电话、传真、电子信箱等）三个部分，其中基本信息是必需的。

对文章的主要作者可按以下顺序刊出其简介：

姓名（出生年—　）、性别（民族——汉族可省略）、籍贯、职称、学位、简历、研究方向（籍贯以后各项任选）及电话、传真、电子信箱等信息。在简介前可以加“作者简介：”作为标志。

示例1：作者简介：乌兰娜（1968—　），女（蒙古族），内蒙古达拉特旗人。副教授，博士，1994年赴美国哈佛大学研修，主要从事蒙古学研究。Tel: 0471–6660888, E-mail: ulana@chinajournal.net.cn。

示例2：作者简介：张旭晨（1992—　），男，江苏省宝应县人，在读硕士研究生。主要从事食品微生物学研究。E-mail: xczhang@sina.com。

（2）同一篇文章的其他作者简介可以在同一“作者简介：”的标志后相继列出；其间以分号隔开，最后以“。”结束。

（3）英文文章的作者简介及通讯信息用“Biography:”作为标志，最后以“.”结束。

示例：

Biography: WANG Dai-kui (1963—　), male, native place: Beijing. Professor of chemistry. Tel: 010–62396688, Fax: 010–82891188, E-mail: wangdk@bit.edu.cn.

2.3 摘要（abstract）

★ GB 7713规定 ★

1. 摘要是论文的内容不加注释和评论的简短陈述。

2. 论文一般均应有摘要，为了国际交流，还应有外文（多用英文）摘要。

3. 摘要应具有独立性和自含性，即不阅读报告、论文的全文，就能获得必要的信息。摘要中有数据、有结论，是一篇完整的短文，可以独立使用，可以引用，可以用于工艺推广。摘要的内容应包含与报告、论文同等量的主要信息，供读者确定有无必要阅读全文，也供文摘等二次文献采用。摘要一般应说明研究工作目的、实验方法、结果和最终结论等。而重点是结果和结论。

4. 中文摘要一般为200～300字；外文摘要不宜超过250个实词。如遇特殊需要字数可以略多。

5. 除了实在无变通办法可用以外，摘要中不用图、表、化学结构式、非公知公用的符号和术语。

6. 论文的摘要可以用另页置于题名页之后，学术论文的摘要一般置于题名和作者之后、正文之前。

7. 学位论文为了评审，学术论文为了参加学术会议，可按要求写成变异本式的摘要，不受字数规定的限制。

摘要又称文摘，是对论文的内容不加注释和评论的简短陈述，是全文内容的高度浓缩。

在英文论文中，摘要是由早期的文后小结（summary）发展而来，现在许多期刊把summary一词提到正文之前作为摘要。美国期刊习惯用abstract一词；英国期刊习惯用summary一词，现在也已趋向于用abstract。

2.3.1 摘要的作用

摘要的作用主要是供读者了解论文内容和供检索工具直接采用。

（1）供读者了解论文内容　通过阅读摘要，让读者尽快了解论文中最有价值的内容，以补充题名的不足。读者通常根据摘要的内容，确定是否需要继续阅读论文的其他部分；或者在无法获取到原文的情况下，仅根据摘要就可以了解论文中最有价值的内容。

特别提醒：摘要给人第一印象的效果。对于学术期刊的投稿，审稿人一般用15 min看摘要和引言。如果第一印象不好，审稿人可能会去寻找理由退稿。

（2）供检索工具直接采用　论文发表后，文摘期刊或数据库可以对摘要不作修改或稍作修改而直接利用，从而避免他人编写摘要可能产生的误解、欠缺甚至错误。

获取数据库的论文全文通常是收费的，但摘要是免费的。随着网络技术的发展，摘要的读者面比论文全文的读者面大得多。论文摘要的质量高低，直接影响着论文的被检索率和被引频次。

通常在正文写完以后，再根据正文内容凝练摘要。

2.3.2 撰写摘要的基本要求

摘要的撰写要求参见国家标准《GB 6447—1986 文摘编写规则》。

撰写摘要有两个基本要求——独立性（在形式上）、自含性（在内容上）。

（1）独立性　摘要的独立性，是指摘要是一篇结构严谨的完整短文，能独立于正文之外单独使用。在形式上，摘要与正文是相互独立的关系。

（2）自含性　摘要的自含性又称自明性，是指摘要的内容应包含与论文同等量的重要信息。即不阅读论文的全文，只阅读摘要，就能获得论文中最有价值的信息。

摘要一般应说明研究目的、实验方法、结果和结论，着重描述该研究中创新的成果和重要的结果。

2.3.3 撰写摘要的注意问题

（1）不使用第一人称　在摘要中，不必使用“本文”“作者”“This paper”“This articles”等作为主语，要采用第三人称的写法。可采用“用（采用）……方法”“对……进行了研究”“报告了……现状”“进行了……调查”等记述方法，标明该论文的一次文献性质。

（2）不介绍一般性知识　在摘要中，要排除在本学科领域中已成为常识的内容和教材中的一般性知识，除非该论文的研究颠覆了这些一般知识。

（3）不对论文内容进行评论　在摘要中，不要对论文的内容作诠释和评论，尤其是自我评价。

（4）不用没有公认的术语和符号　要使用规范化的名词术语（包括地名、机构名和人名）。不使用非公知公用的符号和术语。新术语或尚无合适汉字的术语，可直接用原文，或译出后加括号注明原文。对于缩略语、简称、代号等，除了相邻专业的读者也能清楚理解的以外，在首次出现处必须加以说明。

（5）不用正文中的图表、公式和化学式　在摘要中，除了实在无法变通的情况外，一般不出现插图和表格，不用数学公式和化学结构式。

（6）不使用正文中的序号　在摘要中，一般不使用正文中列出的章节号、图表序号、公式号以及参考文献号等。

（7）不引用参考文献　在摘要中，不引用参考文献，除非该论文是对某一文献的评述，或特意强调本文证实或否定了他人著作的观点。

2.3.4 摘要的主要类型

摘要主要有两种类型——“报道性摘要”和“指示性摘要”。在GB 6447—1986中还有介于这两者之间的“报道/指示性摘要”，在此不做介绍。

（1）报道性摘要（informative abstracts）　报道性摘要是资料摘要，适用于原创性研究论文，反映创新要点。

报道性摘要高度浓缩原始文献中的原创性内容，向读者提供尽可能多的信息，包括原文的主要发现、主要结果等，特别是重要的数据和观点。内容比较详细，可以部分地代替原文阅读。

学位论文必须采用报道性摘要，其篇幅一般不受字数的限制。在形式上可以分段。

期刊论文中的原创性研究论文必须采用报道性摘要。各期刊对报道性摘要的篇幅长短要求不一，原则上根据需要而定。中文字数一般为200～300字，不超过500字。外文摘要一般不超过250个实词（或1000个字符）。在形式上一般不分段。

示例：期刊论文的报道性摘要（316字）

摘要：将SD大鼠随机分为5组，分别为空白对照组、低剂量组、中剂量组、中高剂量组及高剂量组。灌胃2个月后，常规方法制备大鼠血清及肝匀浆，测定血清中谷草转氨酶（sGOT）、谷丙转氨酶（sGPT）、碱性磷酸酶（sALP）、γ–谷氨酰转肽酶（γ–GGT）、血糖、甘油三酯（TG）、总胆固醇（TC）、高密度脂蛋白胆固醇（HDL–C）、低密度脂蛋白胆固醇（LDL–C）及肝匀浆中丙二醛（MDA）、谷胱甘肽（GSH）的含量。结果表明，空白对照组的sGPT、γ–GGT高于其他剂量组；高剂量组sALP高于空白对照组和低剂量组；高剂量组TG高于低剂量组；高剂量组血糖高于空白对照组；空白对照组、高剂量组GSH高于其他剂量组；MDA含量随剂量的增加而增加。推断出饮用剂量低于1.43 mL/（kg·d）的42% vol梅兰春芝麻香型白酒有益于健康，高于2.86 mL/（kg·d）则会对机体产生不良作用。[摘自：芝麻香型白酒对大鼠血脂、血糖和肝功能的影响. 酿酒科技, 2013,(2):46.]

“结构式摘要”（structured abstract）是报道性摘要的结构化表达形式，是20世纪80年代中期以后出现的一种摘要文体。目前在生物学和医学期刊论文中，大多采用这种摘要形式。

中文期刊论文的结构式摘要，通常由目的、方法、结果、结论4个部分构成。① 目的：用一两句话，概述研究的问题、目的或设想等。② 方法：指出所用的主要材料、仪器、方法，例如如何进行分组和设置对照，使用什么测定方法等。③ 结果：概括研究的主要新发现，即实验或观察的结果、重要的发现、测得并经统计学处理的主要数据等。④ 结论：用一两句话，对研究做出准确无误的定论性总结。

示例：期刊论文的结构式摘要（499字）

摘要：目的：探讨三甲基吡嗪、四甲基吡嗪及其联合作用对急性酒精肝损伤小鼠的保护作用。方法：60只ICR小鼠随机分为5组，分别为空白组、模型组、三甲基吡嗪组、四甲基吡嗪组及三甲基吡嗪+四甲基吡嗪组。空白组自由喂养，模型组每日给予0.9%的生理盐水灌胃，其他各组分别给予100 mg/（kg·d）bw的三甲基吡嗪、四甲基吡嗪及三甲基吡嗪 + 四甲基吡嗪灌胃。30 d后，造急性酒精肝损伤模型，常规方法制备小鼠血清及肝匀浆，测定血清中总胆红素（TB）、谷草转氨酶（sGOT）、谷丙转氨酶（sGPT）、碱性磷酸酶（sALP）、血糖、甘油三酯（TG）、总胆固醇（TC）、高密度脂蛋白胆固醇（HDL–C）、低密度脂蛋白胆固醇（LDL–C）、乙醇脱氢酶（ADH）及肝匀浆中丙二醛（MDA）、谷胱甘肽（GSH）的含量。结果：① 提高ADH活性：三甲基吡嗪+四甲基吡嗪组＞四甲基吡嗪组＞三甲基吡嗪组；② 降低因急性酒精肝损伤引起的sGOT和sGPT：三甲基吡嗪＞三甲基吡嗪+四甲基吡嗪组＞四甲基吡嗪组；③ 降低血糖和血脂，抗脂质过氧化活性：三甲基吡嗪+四甲基吡嗪组＞三甲基吡嗪组＞四甲基吡嗪组。结论：100 mg/（kg·d）bw的三甲基吡嗪、四甲基吡嗪及三甲基吡嗪和四甲基吡嗪联合使用对于急性酒精肝损伤小鼠均具有很好的保护作用，且三甲基吡嗪和四甲基吡嗪联合使用效果最佳。[摘自：三甲基吡嗪及四甲基吡嗪对急性酒精肝损伤小鼠的保护作用. 营养学报, 2013, 35(5):480.]

提示

科技论文最难写的是“讨论”，其次是“引言”，再次是“摘要”。

对于报道性摘要，当你不会撰写的时候，牢牢记住：

① 如果采用非结构式摘要的形式，可以写为：为了……（可以不写）。采用（利用）……方法，研究了（调查了、分析了）……。结果表明，……（主要结果、数据），……（主要观点）。

② 如果采用结构式摘要的形式，可以写为：目的：……（一两句话）。方法：……。结果：……（主要结果、数据）。结论：……（定论总结，一两句话）。

（2）指示性摘要（indicative abstracts） 指示性摘要是简介摘要，适用于综述类论文。

指示性摘要非常简明扼要，一般只用简短的几句话概括原文阐述了什么问题。仅仅是对标题的补充说明，相当于副标题，以使读者选择文献时不发生误解为原则。一般不超过100个字。

示例1：期刊论文指示性摘要（92字）

摘要：高压脉冲电场技术、生物技术、微波加热技术、硬胶囊技术、微胶囊加工技术、超微粉碎技术、超临界CO_2萃取技术、冷冻干燥加工技术及超高压加工保健食品技术是近来国际上流行于保健食品研究领域的新技术。[摘自：功能性食品开发新技术. 安徽农业技术师范学院学报, 1997, 11(4):41.]

示例2：期刊论文指示性摘要（89字）

摘要：海洋蕴藏着丰富的生物资源，利用海洋生物资源研究与开发军用功能性食品成为热点。本文详细介绍了海洋生物资源在抗辐射、改善脑功能以及抗疲劳军用功能性食品中的应用，为研究和开发提供参考。[摘自：海洋生物资源在军用功能性食品开发中的应用. 食品科学, 2009, 30(23):470.]

2.3.5 摘要的常见错误

（1）类型选择不当 不同类型的摘要具有不同的功能。含有较多创新内容的研究性论文，宜采用报道性摘要；创新内容较少的综述、专论、技术总结等，则应选用指示性摘要。

有些作者不注意区分或不会区分摘要的类型，把原创性的论文写成了指示性摘要。

（2）描述过于笼统 在报道性摘要的研究目的、方法、结果、结论4个要素中，最重要的是结果和结论。

对于结果和结论，要避免过于笼统的、空洞无物的一般论述。有些作者对结果仅仅是笼统地叙述“×××比较强”“×××比较弱”，或“×××强于×××”“×××低于×××”等，缺少原文中创新性的数据、观点和事实，看不到有价值的重要信息。

（3）摘要写成引言　有些作者把对题目的解释，或应在引言中出现的内容，如论文的背景、前人的研究、分析依据、作者意图或常识的内容等，放入了摘要之中，失去了摘要的性质。这种错误屡见不鲜。

示例1：期刊论文《食用仙人掌的组织培养试验》

摘要：仙人掌以往是一种很好的观赏植物，近几年，已成为人们餐桌上的特色蔬菜之一，由于其具有降血糖、降血脂、消肿止痛、行血活气、清热解毒等功效，是一种很好的保健食品。食用仙人掌按常规扦插繁殖的时间较长，生长速度较慢，为此，我们通过对仙人掌进行组织培养试验，已经可以在短期内进行大量繁殖种苗。

示例2：期刊论文《"三个结合"食品检验高职人才培养模式的理论探索与实践》

摘要：21世纪高等教育发展趋势是全面推进素质教育，最大限度地发挥人的潜能，培养具有完美世界观和高尚道德情操、广博知识和熟练技能、积极进取的创新精神和强健体魄的高素质人才。同样，高职院校能否形成特色，关键在于其人才培养模式是否具有特色，能否培养出适应社会需要的高素质、高技能的实用技术人才。本文在食品检验高职人才培养模式理论探索和我院实践成果的基础上，提出了"三个结合"人才培养模式。

示例3：期刊论文《浅谈食品专业本科实验教学改革》

进入21世纪，国与国之间竞争说到底，就是科技综合实力的比拼，就是人才的竞争。具有综合素质的人才的培养主要需依靠教育。只有从长远着眼，从教育改革入手，从切实提高教育质量与教学效果为切入点，加强实验教学环节的管理，增开综合性、设计性实验，注重培养学生们的实践能力和创新能力，真正重视实验教学对教学质量、对人才综合素质的影响，常抓不懈，必定会以优取胜，结出丰硕的果实，为国家为民族培养出优秀合格的人才，将教育事业做大做强。本文在阐述了实验教学工作功能和重要意义的同时，也列举分析了一些对实验教学工作模糊的片面的认识。

2.4　关键词（key words）

★　GB 7713规定　★

关键词是为了文献标引工作从论文中选取出来用以表示全文主题内容信息款目的单词或术语。

每篇论文选取3～8个词作为关键词，以显著的字符另起一行，排在摘要的左下方。如有可能，尽量用《汉语主题词表》等词表提供的规范词。

为了国际交流，应标注与中文对应的英文关键词。

关键词是从文章的题名、摘要或正文中抽出的，最能反映全文主要内容的单词或术语。

2.4.1 关键词的作用

科技论文的关键词主要有两个作用：

（1）提示全文关键内容　关键词可直观地提示论文的主题内容，体现文章的核心思想。

（2）用于编制索引系统　科技论文发表后一般都会被题录型或文摘型的检索工具所收录，或被全文数据库收录，关键词检索或主题词检索是检索到该论文的重要途径之一。

2.4.2 选择关键词的基本要求

选择关键词可参考国家标准《GB/T 3860—2009 文献主题标引规则》。

选择关键词有两个基本要求——适量（在数量上）、适宜（在内容上）。

（1）适量　在学位论文或期刊论文的摘要后面，给出3 ~ 8个关键词，不超过10个。各关键词之间用“；”隔开，最末1个关键词后不用“；”。

英文关键词的数量和含义，要与中文关键词完全一致。

（2）适宜　关键词要选取能反映文献内容特征、专指性较强、具有特定检索意义的词。所选的关键词应该覆盖论文题目的要点，否则就是选定的关键词有问题或者拟定的题目有问题。

① 可以用作关键词的词：关键词可以是规范性词，也可以是自由词，优先选取规范性词。

规范性词，是专门为文献的标引或检索而挑选出来的，并加以规范化了的词或词组。如《汉语主题词表》中的主题词，《医学主题注释字顺表》（中国医学科学院医学情报研究所，1992年）中的医学主题词，*Index Medicus*（《医学文献索引》）每年第一期中所列的“Medical Subject Headings, MeSH”（医学主题词），*Chemical Abstracts*（《化学文摘》）和*Biological Abstracts*（《生物学文摘》）中的主题词。部分医学期刊要求论文的关键词以MeSH作为规范，只有在必要时少量选用非主题词表中的自由词。

自由词，是未加以规范的、还未收入主题词表中的词或词组。目前大多数期刊并未要求完全采用主题词作为论文的关键词，而是采用自由词。

② 不可用作关键词的词或符号：下列情况不能作为论文的关键词：

化学分子式不可作为关键词。

未被普遍采用、未经专业公认的缩写词，不可作为关键词。

在文中提到的但未经改进常规实验技术，不可作为关键词。

不够专一的或太宽泛的词。例如，下列引号中的词不宜作为关键词，“有机化合物”（应该用具体的化合物名称），“药用植物”（应该用具体的植物名），“实验动物”（应该用具体的动物名），“细胞研究”（应该用具体的细胞株名）等。

无检索价值的词语。例如，“技术”“应用”“观察”“调查”“探讨”等，这些词对检索某篇论文来说没有专指性。

■ 本章小结

学位论文和期刊论文的前置部分都有四个必不可少的结构要素，即题名、作者、摘要、关键词。这四个结构要素都是文献检索的重要项目。其中题名和摘要还具有导读作用。

1．题名

科技论文的题名，具有标签作用和检索作用。

拟定题名有两个基本要求，即简短（在形式上）和准确（在内容上）。① 简短指题名要用最少的文字提供最丰富的信息。② 准确指题名的含义一定要与正文相符。

2．作者

科技论文署名作者的作用，主要是标明本文的科技成果的所有者、著作权的拥有者、责任者，并提供读者与作者联系的依据。

作者署名有两个基本要求，即署名的条件和署名的排序。① 署名作者的条件，包括必须参与课题研究、参与论文撰写、负有文责，不要把被致谢人列为作者。② 期刊论文署名的排序，涉及多位作者共同完成的成果，以贡献大小排名。第一作者是该论文的主要贡献者和直接责任者，通讯作者是该论文的通讯联系人和主要责任人。

中国作者的姓名音译用汉语拼音拼写。其拼写方式，在中文期刊中参照国家标准GB/T 16159—2012和行业标准CAJ–CD BT 1—2006，在外文期刊中一般和欧美作者署名方式一致。

3．摘要

科技论文的摘要的作用，可以使读者了解论文中最有价值的内容和供文摘刊物或数据库等检索工具直接采用。

撰写摘要有两个基本要求，即独立性（在形式上）和自含性（在内容上）。① 摘要的独立性，是指摘要是一篇结构严谨的完整短文，能独立于正文之外单独使用，在形式上与正文是相互独立的关系。② 摘要的自含性，是指摘要的内容应包含与论文同等量的重要要信息，即不阅读论文的全文，只阅读摘要就能获得有价值的信息。

摘要的主要类型有报道性摘要和指示性摘要。① 报道性摘要高度浓缩原始文献中的原创性内容。包括原文的主要发现、主要结果等，特别是重要的数据和观点。这种摘要比较详细，可以部分地代替原文阅读，适用于原创性研究论文。结构式摘要是报道性摘要的结构化表达形式，结构式摘要通常由目的、方法、结果、结论四个部分构成。② 指示性摘要非常简明扼要，用简短的几句话概括原文阐述了什么问题，适用于综述类论文。

写作摘要的常见错误有：类型选择不当、描述过于笼统、摘要写成引言等。

4．关键词

科技论文的关键词的作用，主要是提示全文关键内容和用于编制索引系统。

选择关键词有两个基本要求，即适量（在数量上）和适宜（在内容上）。① 适量，指在学位论文或期刊论文的摘要后面给出3~8个关键词。② 适宜，指选取能反映文献内容特征的、具有独立的检索意义的词。关键词可以是规范性词，也可以是自由词，优先选取规范性词（主题词）。

CHAPTER 3

第3章 科技论文的主体部分

■ 学习目标

了解： 科技论文中引言、正文（材料与方法、结果、讨论）、致谢、参考文献的作用或目的。

掌握： 科技论文中写作引言、撰写正文（材料与方法、结果、讨论）、表达致谢和引用参考文献的基本要求、应注意的问题和常见的错误。

综合运用： 选取本专业的学位论文和已经发表的期刊论文为样本，分析其主体部分各个结构要素撰写的成功与失败之处。

不同学科的研究工作，所涉及的选题、研究方法和结果表达方式等有很大的差异，因此不同学科科技论文主体部分的格式体例也不一样。但各个学科学位论文和期刊论文的主体部分，一般都包括引言、正文和参考文献三个部分，其差别主要体现在正文部分。

实验性研究或观测性研究的科技论文，其主体部分的结构一般为：

科技论文的主体部分
- 引言（introduction）——为什么做
- 正文
  - 材料和方法（materials and methods）——怎样做
  - 结果（results）——做出了什么
  - 讨论（discussion）——说明了什么
  - 结论（conclusion）（必要时）
- 参考文献（references）

实验性研究或观测性研究论文主体部分的这种正文结构，国际上学术界和期刊编辑界通常称之为“IMRAD结构”[Introduction（引言）、Method（方法）、Results and Discussion（结果和讨论）的首字母缩写]。IMRAD结构直观地反映了科学发现的过程。

小贴士

有些编辑认为IMRAD格式是阐述科研结果的最简洁、最有条理的方式，所以他们衷心拥护IMRAD；还有些编辑虽不完全认同IMRAD，但也认为IMRAD的严格格式可以节省期刊的版面和费用。同时，由于IMRAD格式把论文的各个主要部分都清楚地标注出来，这大大减轻了编辑和审稿人的工作，因此这些编辑也就要求所有投稿符合IMRAD格式。

IMRAD格式可以用这样的问答形式给出：（问）研究的是什么问题？答案在论文的"Introduction"（引言）部分；（问）作者是如何研究这个问题的？答案在论文的"Methods"（方法）部分；（问）研究结果如何？答案在论文的"Results"（结果）部分；（问）这些研究结果有什么意义？答案在论文的"Discussion"（讨论）部分。

显然，IMRAD的这种简单格式符合逻辑，能够帮助作者组织和撰写论文。同时，这种格式也为阅读论文的编辑、审稿人和最终读者提供了极大便利。

（摘自：Robert A D, Barbara G. 科技论文写作与发表教程[M]. 曾剑芬, 译. 北京: 电子工业出版社, 2006:10.）

3.1 引言（introduction）

★ GB 7713规定 ★

引言（或绪论）简要说明研究工作的目的、范围、相关领域的前人工作和知识空白、理论基础和分析、研究设想、研究方法和实验设计、预期结果和意义等。应言简意赅，不要与摘要雷同，不要成为摘要的注释。一般教科书中有的知识，在引言中不必赘述。

比较短的论文可以只用小段文字起着引言的效用。

学位论文为了需要反映出作者确已掌握了坚实的基础理论和系统的专门知识，具有开阔的科学视野，对研究方案要作充分论证，因此，有关历史回顾和前人工作的综合评述，以及理论分析等，可以单独成章，用足够的文字叙述。

引言又称前言、绪言、导言、绪论、导论、导语，是论文开头部分的一段引导性短文，也是科技论文正文的开场白。

3.1.1 引言的作用

引言的作用是向读者简要介绍进行本项研究的背景，并导入研究课题。

3.1.1.1 简介背景

使读者简要了解本课题的基本背景，让对这一课题并不特别熟悉的读者了解本研究的理论依据、来龙去脉、前人已达到的水平、已解决的和尚待解决的问题。

3.1.1.2 导入课题

使读者简要了解本课题的研究动机和主要创新之处，引导读者进入论文主题。

3.1.2 撰写引言的基本要求

写作引言的两个要求——篇幅要求，内容要求。

3.1.2.1 篇幅要求

引言应开门见山，言简意赅，措词精练，突出重点。文字不可冗长，如果要发挥，应对照自己的研究结果在后面的“讨论”中叙述。

引言的篇幅大小，并无严格规定。

学位论文的引言，一般占全文总长的1/10 ~ 1/5。其中，学士学位论文的引言，包含综述一般2~5页；硕士和博士学位论文的引言，如果包括综述可以篇幅较长，如果不包括综述2 ~ 5页。

期刊论文的引言，一般占全文总长的1/10，不超过1页。

3.1.2.2 内容要求

（1）简介背景

① 有道理——简要概括本课题相关的理论依据。

如果引出新的概念和术语，要加以定义和阐明；如果沿用已知的理论、原理和方法要注出有关文献。

② 有基础——简要分析同类课题的研究状况。

回顾与本论文同类课题有关的文献资料，引用最相关的和最具说服力的文献，准确、简洁地指出所探讨问题的本质和范围。即有哪些相关的科学问题已被前人研究过了，有何结果或结论。

特别注意：如果不引用与本论文相关的重要文献，审稿人至少会认为作者阅读文献不够，或为了突出自己的创新而故意回避重要文献。

③ 有问题——简要指出尚未解决的问题。

在前人得出结果或结论中，有哪些部分是不合理的甚至是错误的，还有哪些相关问题还没有解决，或理论上有何缺陷，或应用上有何不足。

特别注意：叙述前人工作的欠缺以强调自己研究的创新时，应慎重并留有余地。

由于简介背景的需要，引言必须引用相关参考文献。

（2）导入课题

有意义——简要说明本论文的选题目的、预期结果和实际意义。即为什么解决这些问题是必须的，预示本课题研究的结果具有什么理论意义，或者具有什么应用价值。

作者可以通过对本研究目的和意义的阐述，将预期的结果和结论暗示出来，有意识地在引言中强调本项研究的重要性。

提示

科技论文最难写的部分是"讨论"，其次是"引言"，再次是"摘要"。

当你不会写"引言"的时候，牢牢记住——

期刊论文的引言，可以考虑从以下4个方面着手：

（1）理论依据（——有道理）；

（2）研究状况（——有基础）；

（3）尚未解决的问题（——有问题）；

（4）选题目的（——有意义）。

学位论文的引言，一般包括以下几个部分：

（1）选题依据（立题依据）：即期刊论文引言的4个方面；

（2）研究内容：简短的语言说明；

（3）技术路线：用技术路线图表示。

3.1.3 撰写引言的注意问题

3.1.3.1 简介背景

（1）引言要尽可能深入浅出，以使大部分本专业的读者都能看懂。即使论文的正文部分或许只有少数专家才能完全看懂，引言部分也要让本专业大多数人明白。

（2）不要介绍普通的专业知识或教科书上的材料。

（3）不要推导基本公式。

3.1.3.2 导入课题

（1）避免使用自夸的词语。不要夸大论文的意义，不要用"填补空白""国内首创""国际领先"等提法，可以用"尚未见报道（has not been reported）"之类留有余地的语句。

（2）避免使用客套话。不需要用"抛砖引玉""才疏学浅""疏漏谬误之处恳请指教""不妥之处望多提宝贵意见”之类的语言。审稿人和读者自己会对论文作出评价。

3.1.4 撰写引言的常用方法

引言的撰写方法多种多样，没有固定的套路。

当作者感到无从下手的时候，可以考虑从以下几个方面着手：

3.1.4.1 以研究的对象加以展开

适用于在研究对象上有其特殊性的论文，例如，研究某种食物原料或某种食物成分的论文。

示例1：期刊论文的引言

香椿树皮来源于楝科椿属植物香椿（*Toona sinensis*）的树皮。香椿皮味苦涩、凉，具有除热、燥湿、涩肠、止血、杀虫等功效，可治久泻、久痢、肠风便血等疾病[1]。香椿的化学成分研究主要集中于其叶子上[2, 3]，但迄今未见有关香椿树皮化学成分的研究报道。

[摘自：香椿树皮的化学成分分析. 中国医院药学杂志, 2006, 26(8):949.]

示例2：学位论文的前言

---

1 立项依据

1.1 8–羟基大豆苷元具有很强的生物活性

8–羟基大豆苷元（4’,7,8–三羟基异黄酮，8–hydroxydaidzein）是在大豆苷元（4’,7–二羟基异黄酮，daidzein）的8位C上加上一个O形成—OH，发生C8羟基化后形成的产物。

尽管大豆苷元具有多种生物活性和药理作用，如抗肿瘤、抗氧化、抗炎、抗血栓、抗变应性、降血脂和雌激素性质等[1]，但这些活性在文献所报道的测定值均不显著。

大豆苷元C8羟基化后形成了邻位二羟基的邻苯二酚结构，其生物活性会极大改善[2]。目前，对8–羟基大豆苷元生物活性报道的文献还非常少，但是从已有的文献来看，8–羟基大豆苷元的生物活性远远高于大豆苷元，甚至高达数百倍[3–16]（如表1所示）。

表1 8–羟基大豆苷元与大豆苷元的部分生物活性比较（略）

1.2 8–羟基大豆苷元对血管内皮细胞DNA损伤的保护作用尚未见报道

迄今，由于8–羟基大豆苷元的天然来源极少，仅从少量的发酵物中分离得到，所以对其生物活性的报道也较少。据文献普查，国内外涉及8–羟基大豆苷元生物活性的所有文献，不超过20篇。8–羟基大豆苷元对血管内皮细胞DNA损伤的保护作用尚未见报道。

大豆异黄酮类化合物对心血管系统的保护作用和抗动脉粥样硬化功能已经得到广泛证实，这种作用与其抗氧化活性有很大关系[17]。如前所叙，8–羟基大豆苷元比大豆苷元的抗氧化活性高30～300倍。推测8–羟基大豆苷元有可能会通过抗氧化发挥心血管系统的保护作用和抗动脉粥样硬化功能。

已经证实，与8–羟基大豆苷元结构极为类似的葛根素（C8为葡萄糖），具有血管内皮细胞DNA损伤的保护作用[18]，推测8–羟基大豆苷元可能具有同样的生物活性。因此，本项目进行该活性检测，为提高8–羟基大豆苷元的利用提供理论依据和研发基础。

2 研究内容

2.1 采用不同浓度8-羟基大豆苷元预处理人脐静脉内皮细胞，用过氧化氢造成细胞的过氧化损伤，MTT法判断细胞存活率并选用合适的药物浓度，应用单细胞凝胶电泳技术检测对DNA损伤的保护作用。

2.2 与大豆苷元的活性大小进行比较。

3 技术路线

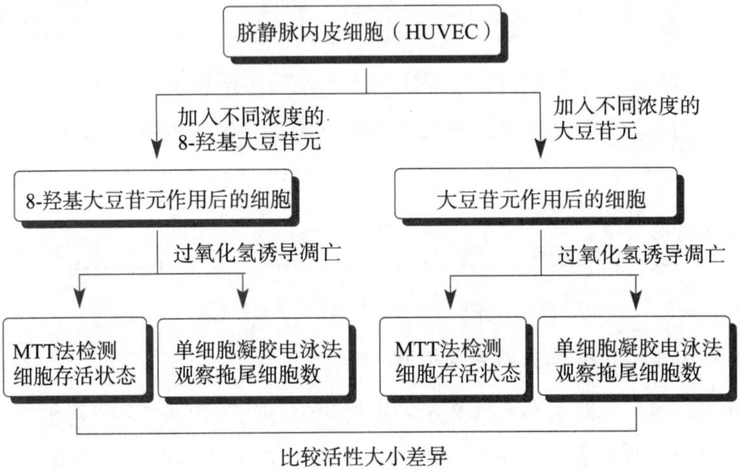

参考文献：（略）

（摘自：8–羟基大豆苷元对血管内皮细胞DNA损伤的保护作用．扬州大学学士学位论文, 2013.）

3.1.4.2 以改进的方法加以展开

适用于在改进和优化检测方法方面有特殊性的论文，例如，关于食品检验、营养分析等测定方法的论文。

示例：期刊论文的引言

目前我国批准使用食用合成色素都有最大使用限量[1]，因此准确测定食品中合成色素量对食品安全具有重要意义。测定合成色素国家标准方法有高效液相色谱法、薄层色谱法、示波极谱法等，并以高效液相色谱法应用最为广泛[2]。但在实际操作时，发现因食品基质复杂性易导致出现色素提取率不佳、净化步骤繁琐等问题。

本研究在国标方法基础上，通过采用丙酮-水混合溶剂提取、自制聚酰胺小柱净化、改变检测波长等方法，对食品中柠檬黄、新红、苋菜红、靛蓝、胭脂红、日落黄、诱惑红、亮蓝、赤藓红等9种人工合成色素进行检测。

[摘自：食品人工合成色素检测方法改进. 粮食与油脂, 2010, (10):41.]

3.1.4.3 以探讨的理论加以展开

适用于在探讨某一理论方面有特殊性的论文，例如，关于某一生物效应和药理作用干预效果的研究论文。

示例：期刊论文的引言

饮酒与健康存在密切关系。饮酒量与某些疾病的死亡率间存在“U”或“J”型曲线关系，即随着饮酒量的增加，在某一个剂量达到死亡率最低点，过了这个最低点，死亡率继续增加[1]。本课题组前期研究了中国白酒对大鼠血脂、血糖及肝功能的影响，表明大鼠灌胃1.43mL/（kg·d）的42度白酒，谷草转氨酶（sGPT）、碱性磷酸酶（sALP）、γ–谷氨酰转肽酶（γ–GGT）水平降低。从而推断，饮用42度白酒少于1.43mL/（kg·d），即相当于60kg体重的人每日饮用42度白酒的量不超过85.8mL，具有保健作用[2]。但适量饮用白酒是通过哪些功能因子以及何种机制达到的保健效果还不太清楚。

吡嗪类化合物是形成焦香的重要物质，是芝麻香、酱香型白酒以及香醋的重要香气成分之一。其中，四甲基吡嗪（2,3,5,6–Tetramethylpyrazine，TMP）在我国主要酒种中有较高的含量，主要由美拉德反应生成[3]。具有多种生物活性，如抗肿瘤、抗炎、抗凋亡、舒张血管等，被广泛用于临床治疗心、脑血管疾病。三甲基吡嗪（2,3,5–Trimethylpyrazine，Pyr）是白酒中含量较多的另一种吡嗪类化合物[4]，活性研究报道较少。体外活性试验表明，Pyr具有较强的抗氧化活性[5]，在诱导猪冠状动脉松弛方面也有一定的效用，且其作用效果仅次于TMP[6]。因此，本研究在构建酒精性肝病小鼠模型的基础上，探讨TMP联合Pry对酒精性肝损伤小鼠的保护作用。

[摘自：三甲基吡嗪及四甲基吡嗪对急性酒精肝损伤小鼠的保护作用. 营养学报，2013, 35(5):480–481.]

小贴士

在学位论文的前言中或课题申报书中，通常需要绘制技术路线图。

用word的文本框表示的“技术路线图”，既不美观，也不便于排版。

建议使用ChemDraw或ChemWindow等化学绘图软件绘制，或使用Microsoft Office Visio，CorelDRAW，AutoCAD等绘图软件绘制。

3.2 正文（main body）

★ GB 7713规定 ★

报告、论文的正文是核心部分，占主要篇幅，可以包括：调查对象、实验和观测方法、仪器设备、材料原料、实验和观测结果、计算方法和编程原理、数据资料、经过加工整理的图表、形成的论点和导出的结论等。

由于研究工作涉及的学科、选题、研究方法、工作进程、结果表达方式等有很大的差异，对正文内容不能统一的规定。但是，必须实事求是，客观真切，准确完备，合乎逻辑，层次分明，简练可读。

正文是科技论文的本论，是体现研究成果和学术水平的主体部分。正文部分占据论文最大的篇幅。

正文的内容：包括实验材料或调查对象、仪器设备、实验或观测的方法、实验或观测的结果、形成的论点和导出的结论等。

正文的形式：正文的结构形式取决于科研成果的内容。由于不同学科之间的研究工作，在选题、研究方法、实验观察过程、结果表现形式等方面都有很大的差异，因此不同学科的科技论文，其正文内容的表达形式也有很大差别。正因为此原因，在国家标准GB7713—1987中，对科技论文正文部分的编写格式也无法做出明确要求和规定。

对于实验性研究或观测性研究论文，其正文的结构要素一般包括：材料与方法（materials and methods）、结果（results）、讨论（discussion）。有时也将其中的“结果”和“讨论”合并为“结果与讨论”或“结果与分析”。

正文：
- 材料和方法（materials and methods）
- 结果（results）｝可以合并为“结果与讨论”或“结果与分析”
- 讨论（discussion）｝
- 结论（conclusion）（如需要）

3.2.1 材料与方法（materials and methods）

材料与方法在有些论文中称为“对象与方法”，主要告诉读者是怎么研究这个课题的（包括实验步骤的设计和观察方法的选择），是整个研究工作过程的具体写照。

3.2.1.1 材料与方法的作用

材料与方法的主要作用：

（1）向读者表明本研究结果得出的可靠性和严谨性。

（2）供后续研究者或科研界同行重复实验，验证结果。

提示

学位论文评审和答辩最容易被质疑的部分，是材料与方法。

期刊论文被审稿人退得最快的稿件，是看了材料与方法就不用看结果的文章。

可见，注重研究方法是多么重要！

3.2.1.2 材料与方法的基本内容

（1）材料

① 实验研究的“材料”。

实验材料：主要实验材料的来源、性质、处理方法等。其中对各种动植物原料和各种菌种要标注拉丁文学名。

试剂：列出试剂的种类、规格（色谱纯、分析纯、化学纯）、制造厂商（或知名销售商，例如Sigma公司）等。只列出重要试剂，特别是可能会直接影响测试结果和重复性的标准品、对照品、酶、试剂盒等，一般的化学试剂不需要列出。

仪器设备：列出仪器的种类、规格、型号、制造厂家等。只列出重要仪器设备，特别是可能会直接影响测试结果和重复性的测量仪器、色谱分析仪器、光谱分析仪器等，一般的仪器设备不需要列出。

② 调查研究的“材料”。

调查对象：调查对象一般指人群，说明调查的地区、标准、数量、分组情况等。

（2）方法

① 实验研究的“方法”：指出或描述每个实验的实施方法，如实验条件、对照设置、测试指标、数据处理方法等。特别是可能会直接影响测试结果的关键方法，以及创新和改进的实验方法。

② 调查研究的“方法”：叙述作者“调查了什么”和“是怎样调查的”。

提示

学位论文的内容比较详细，因此在“方法”部分中，在对某实验方法注明了参考文献后，可以再详细叙述其具体的操作步骤。

期刊论文的内容比较简练，因此在“方法”部分中，应该着重介绍有关保证科学性和提供重复验证的某些重要的细节，而略去那些无关紧要的资料。如果完全采用了文献介绍的方法或标准规定的方法，只需要注明参考文献，无需重复描述实验步骤；如果作者创新或改进了方法，只需要阐述创新和改进部分；如果此方法是第一次在国内运用，也可以对该方法进行具体描述。

3.2.1.3　写作“材料”注意的技术问题

（1）生物材料的拉丁文学名　生物拉丁文学名采用瑞典分类学家林奈的“双名法”（属名＋种名）。其大小写和正斜体的大小写和正斜体格式不规范的情况，在科技论文的正文和参考文献中屡见不鲜。主要规则如下：

① 属名首字母大写，种加词首字母小写。

② 属名、种加词、变种名或亚种名为斜体。

③ 亚种的缩写符号sub., subsp.或ssp.和变种的缩写符号var.，为小写正体。

④“未确定的一个种”缩写词sp.或“未确定的几个种”的缩写词spp.，为小写正体。

⑤ 命名人首字母大写，全部正体。

示例：

Lactobacillus plantarum 干酪乳杆菌　　*Staphylococcus aureus* 金黄色葡萄球菌

Lactobacillus delbrueckii sub. *bulgaricus* 保加利亚乳杆菌

Brassica juncea var. *tamida* 榨菜

Brassica sp. 芸薹属中一个未确定的种　　*Brassica* spp. 芸薹属中几个未确定的种

Ganoderma lucidum Karst 灵芝　　*Ginkgo biloba* L. 银杏

Arstragalus aksuensis Bge. 新疆黄芪　　*Oryze astiva* L. 稻

综上所述，种、亚种和变种的学名，只有属名和命名人的首字母大写，其余均为小写；只有属名、种加词、变种名或亚种名这四个部分使用斜体，亚种缩写符号、变种缩写符号、未定种缩写符号和命名人，均不用斜体。

至于其他分类单位，包括属以上的界、门、纲、目、科等及其相关的“亚”“总”等分类群的字符，首字母大写，不用斜体。

（2）实验动物

① 对所用的实验动物，应说明来源、品种或品系、等级、性别、体重、数量、饲养方式等。

② 关于实验动物级别，Ⅰ级（普通级）实验动物只用于教学，不能用于科学研究；Ⅱ级（即清洁级）以上的实验动物方可用于公开报道的研究成果。

（3）患者或志愿者　对患者或志愿者，应遵守世界医学协会的《赫尔辛基宣言》，即不要使用患者的姓名、缩写名和医院的各种编号，进行有关实验之前应获得患者知情同意书等。

3.2.1.4　写作“方法”注意的技术问题

（1）方法的选用

① 如果有国际标准、国家标准或行业标准规定的研究方法，可优先采用，例如对各种营养素

和食品添加剂的检测方法。

② 如果对同一个检测项目在不同的文献中有不同的方法，应注意比较鉴别。

③ 对新建立的或有实质性改进的方法，要说明采用此方法的理由，并评价此方法的限度。

（2）试剂的单位表达

① 对于纯物质，已经明确结构式和相对分子质量的化合物（如各类电解质、维生素、单糖和低聚糖类及其代谢产物、脂类及其代谢产物、非蛋白类含氮物质等），均应采用“物质的量浓度”表示，使用mol/L，mmol/L，μmol/L，nmol/L，pmol/L等单位符号。

② 对于混合物，不能明确结构式和相对分子质量的成分（如提取物、总蛋白、总脂、各类免疫球蛋白等），可采用“质量浓度”表示，使用g/L，mg/L，μg/L，ng/L等单位符号。

（3）给药的途径和剂量

① 给药途径的符号：例如，iv（静脉注射），im（肌肉注射），ip（腹腔注射），sc（皮下注射），icv（脑室注射），ia（动脉注射），po（口服），ig（灌胃）等。

② 给药剂量的单位：按体重计算的药物剂量应以“$g(mg)\cdot kg^{-1}\cdot d^{-1}$”或“g(mg)/(kg·d)”表示，不应写g(mg)/kg/d。

示例：期刊论文的“材料与方法”

---

1 材料与方法

1.1 材料与仪器

1.1.1 实验动物：ICR雌性小白鼠60只，体重（22±2）g，购自扬州大学比较医学中心。动物合格证号SCXK（苏）2007—0001。以AIN93标准配方为基础配制的杆状饲料喂养，自由进水。动物的饲养及实验均在扬州大学清洁级动物实验室内进行。

1.1.2 实验材料与试剂：丙二醛（MDA）、谷胱甘肽（GSH）、乙醇脱氢酶（ADH）测定试剂盒均购自于南京建成生物工程研究所。Pyr、TMP购自滕州市悟通香料有限责任公司，用时以生理盐水配制成相应的浓度。无水乙醇（分析纯），用时以蒸馏水稀释，配制成体积分数为50%。

1.1.3 主要仪器：5417R高速台式冷冻离心机（德国Eppendorf）；Spectrumlab 755s紫外可见分光光度计（上海凌光技术有限公司）；全自动生化分析仪（日立7170A型）。

1.2 实验方法

1.2.1 动物分组与处理：ICR雌性小白鼠60只，适应性喂养1周后，无不良反应，饮食饮水正常，体质量、体温、被毛、大小便及活动正常者即纳入实验。按体重编号，分组如下：

（1）空白组：实验过程中不做任何处理，自由喂养。

（2）模型组：0.9%的生理盐水连续灌胃30 d。

（3）三甲基吡嗪组：浓度为100 mg/（kg·d）bw的Pyr溶液连续灌胃30 d。

（4）四甲基吡嗪组：浓度为100 mg/（kg·d）bw的TMP溶液连续灌胃30 d。

（5）三甲基吡嗪+四甲基吡嗪组：浓度为100 mg/（kg·d）bw的Pyr及100 mg/（kg·d）bw的TMP溶液连续灌胃30 d。

每周称重一次，根据体重调整用药量。末次用药后1h，将模型组及各用药组小鼠一次灌胃给予50%乙醇12 mL/kg·bw，空白组灌胃给予蒸馏水。禁食不禁水16 h。

1.2.2　样品的采集与处理：血清处理：末次灌胃后，禁食不禁水16 h，摘眼球取血，全血置于37℃水浴10 min，3500 r/min离心10 min，取上清液置于离心管中，–20℃冰箱备用。肝匀浆制备：小鼠颈椎脱臼处死，迅速摘取肝脏左叶在预冷的0.9%生理盐水中漂洗数次，滤纸吸干，称取0.2g左右的组织，充分研碎制成10%肝组织匀浆，2000 r/min离心10 min，取上清，–20℃冰箱备用。

1.2.3　测定指标与方法：血糖、甘油三酯（TG）、总胆固醇（TC）、谷草转氨酶（sGOT）、sGPT、sALP、总胆红素（TB）、高密度脂蛋白胆固醇（HDL–C）、低密度脂蛋白胆固醇（LDL–C）采用日立7170A型全自动生化分析仪检测；生化酶法测定血清ADH活性，硫代巴比妥酸比色法测定MDA含量，二硫代二硝基苯甲酸比色法测定GSH含量，具体步骤按试剂盒说明操作。脏器系数计算公式：脏器系数（%）=小鼠脏器湿重/体重 × 100。

1.2.4　数据处理：采用SPSS 16.0软件。计量资料用$\bar{x} \pm s$表示，多组间比较采用单因素方差分析（ANOVA），两组间比较采用q检验，$P<0.05$为差异有统计学意义。

[摘自：三甲基吡嗪及四甲基吡嗪对急性酒精肝损伤小鼠的保护作用. 营养学报，2013, 35(5):481.]

3.2.2　结果（results）

结果指按照本研究的“材料与方法”所得出的实验结果或观察结果，包括测得的数据、观察到的现象、拍摄的图片、导出的公式等，是整个研究工作结果的真实反映。

3.2.2.1　结果的作用

结果是论文研究新成果的展现。其主要作用包括：

（1）展现研究结果：向读者展现本项研究的所有结果，告诉读者这项研究发现了什么。

（2）提供讨论依据：为后面的讨论提供客观依据。后面的一切讨论由此引发，一切推理由此导出，一切结论由此得出。

3.2.2.2　表达结果的基本要求

表达结果有两个基本要求，即形式要求和内容要求。

（1）结果的表达形式：对于实验结果，可采用文字、表格、插图三种形式表达。

表述结果要有纲有目，层次清晰。在表述顺序上可以与“材料与方法”的项目相呼应，逐一列出结果。容易犯的错误之一是不分轻重主次，将所有的信息和数据都堆放在一起，这样会将最重要的信息和资料都淹没在一些不重要的信息和数据之中。

（2）结果的表达内容：对研究结果的罗列。列出观察到的现象、测定的数据、拍摄的或绘制的图片、导出的公式等研究结果。对研究结果的表述。定性或定量描述有关实验结果，对图表可以做补充说明，但一般不进行讨论和分析。

示例：用插图表示“结果”

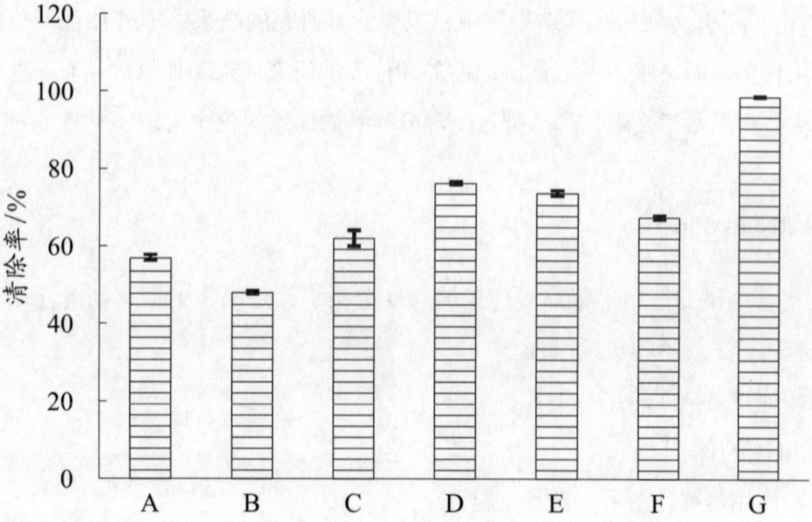

注：A：3–甲硫基丙醇组；B：3–甲硫基丙酸乙酯组；C：2–甲基吡嗪组；D：2,3–二甲基吡嗪组；E：2,3,5–三甲基吡嗪组；F：2,3,5,6–四甲基吡嗪组；G：L–抗坏血酸。

图3–1　芝麻香型白酒中主要香气成分对羟自由基的清除率（%）

示例：用表格表示“结果”

Table 6　　Effect of TMP and Pyr on GSH, MDA content of rat's liver ($\bar{x} \pm s, n=12$)

Group	GSH (mg/g)	MDA (nmol/mg)
Control	77.02 ± 7.97	66.40 ± 9.80
Model	59.37 ± 6.85 [a]	82.25 ± 11.73 [a]
Pyr	66.06 ± 8.81 [a]	65.25 ± 26.19 [b]
TMP	63.72 ± 9.60 [a]	68.67 ± 11.50
Pyr & TMP	84.39 ± 6.15 [abcd]	70.34 ± 11.36

[a] $P<0.05$ vs Control; [b] $P<0.05$ vs Model; [c] $P<0.05$ vs Pyr; [d] $P<0.05$ vs TMP

（3）陈述结果注意的其他问题

① 数据真实：结果真实可靠，数据准确无误。不要随意舍弃与自己预想不符或相反的数据，切忌伪造数据。但是，对于不具有可比性的、不符合质量控制要求的或有明显逻辑错误的资料，要

合理地进行剔除。

② 数据处理：表达的数据不是原始实验数据的罗列，需经过统计处理，并尽可能符合相应的误差范围。在表述结果的时候，要说明统计方法、差异显著性、自由度、显著性水平的选择等。

③ 数据表达：文字与图表相结合，但不要同时用表和图重复同一组数据，也不要用文字重复叙述表和图中所有的数据。要注意数值修约和小数点后有效位数的一致。

④ 不加讨论，不引文献：在“结果”中，只表达本研究的结果，不外加任何分析、评论和推理；不需要引用任何参考文献，不能夹杂以前的和他人的研究成果。如果确实有一些的段落与别人的工作有关，需要引用参考文献，那么把这一部分移到后面的讨论中去。

3.2.3 讨论（discussion）

讨论就是解释结果并把结果提高到理论的高度上认识，是论文中最有创造性见解的部分。如果一篇论文没有讨论，就沦为实验报告。

讨论的篇幅通常占全文的1/3 ~ 1/2。

3.2.3.1 讨论的作用

讨论的主要作用是解释结果，升华主题。

（1）解释结果　向读者解释本研究的结果说明了什么，为什么出现这样的结果。

（2）升华主题　向读者说明出现这样的结果意味着什么，是否符合预期的研究目的，能够得出什么结论或推论，有什么意义。

3.2.3.2 写作讨论的基本要求

撰写讨论有两个基本要求，即形式要求和内容要求。

（1）讨论的表达形式

① 讨论要合理分段，层次分明。由于讨论部分篇幅较长，通常将其合理地分成几个大的逻辑段，一个逻辑段可包含几个自然段。每一逻辑段落可冠以适当标题（分标题或小标题），使层次结构和逻辑关系一目了然。

② 每个段落要有主句。在每一个较长段落的前面，最好用一两句话比较全面的概括最重要内容，使读者只需要读这第一两句话，就可以获得这一段落的基本信息。当概括性的主题句完成之后，就需要以具体的细节描述。这样，读者的思路就可以跟随着论文的轻重缓急以及要点细节的逻辑关系，一步一步读下去。

③ 讨论中一般不使用图和表，只有在与其他文献资料进行比较时才用。

（2）讨论的表达内容　对讨论部分的撰写，要求作者要有丰厚的知识背景，对本领域的研究历史及进展非常熟悉，并对本研究领域的发展有一定的预见性。

① 解释本次结果：对本文的实验结果做出解释和理论性分析。

对实验结果的各种数据和现象，从理论上进行综合分析，找出各项因素之间的关系，解释其因果关系，是否符合原来预期的研究目的或假设，能够得出何种结论或推论，以及本研究结果所揭示的原理及其普遍性。

如果有例外或反常的现象，在对这些数据或结果核对时，应解释可能的原因，并从异常的结果中能否得到启发或有新的发现。

② 比较已有结果：将本文的研究结果与已有的研究成果进行比较。

当与其他文献的实验材料相同时，可以比较不同实验方法得出的不同实验结果。

当与其他文献的实验方法相同时，可以比较不同实验材料得出的不同实验结果。特别是对性质类似的不同材料的比较。

分析本文研究的结果与文献报道的结果的异同，有何不同结果、解释、补充、修正、发展或否定。即是否支持或反对了某种观点，是否提出了新的问题或观点等，并解释产生差别的可能原因。

③ 突出创新成果：表明本论文有什么新的发现，有什么理论意义和实践意义，即在理论上有什么突破，在实践中有什么指导意义和应用价值。

④ 提出努力方向：指出本次研究的不足或局限性，以及这些局限性对研究结果的影响，对进一步研究的启示。指出还存在哪些尚未解决的问题，对进一步深入研究本课题的建议。通常写"×××有待于进一步研究"。

示例：期刊论文讨论

3　讨论

3.1　三甲基吡嗪和四甲基吡嗪对血糖、血脂的影响

本实验Pyr组及联合作用组的血糖含量与模型组相比，均有一定程度的降低，且联合作用组与模型组之间有显著性差异，说明联合作用对于降低血糖均有一定的效果。Yang等[7]研究显示，TMP处理的糖尿病性肾病大鼠的血糖水平能得到明显改善。但本实验的TMP治疗组血糖水平与模型组相比无显著性差异，这与Yang等[7]的研究有一定的差异，这可能与本实验TMP的灌胃剂量较小，时间较短有一定的关系。

过量饮酒，可使TG升高[8]，而对于TC，LDL–C，HDL–C等的影响并不一致[9]。适量饮酒可以增加血清HDL–C，且在一定剂量范围内乙醇摄入与HDL–C水平呈正相关[10]，也可降低TG、TC和LDL–C水平。本实验中急性酒精肝损伤模型能显著升高小鼠的TG含量，而对TC，HDL–C，LDL–C含量并无显著影响，这与郑曼等[11]的研究结果一致。实验中，Pyr组虽降低了HDL–C含量，使其显著低于空白组，但其与模型组相比无差异。总体来说，Pyr，TMP及其联合作用均能有效降低因急性酒精肝损伤引起的TG含量升高，且联合使用效果更佳。因此推断，适量饮酒对血脂水平有益影响可能是由白酒中Pyr、TMP等因子引起的。

3.2　三甲基吡嗪和四甲基吡嗪对小鼠血清ADH的影响

肝细胞微粒体内的ADH在乙醇代谢中起主导作用，根据血清ADH含量可以判断乙醇在体内的代谢速度。本实验中，模型组ADH活性较空白组有显著性降低，可能是由于模型组小鼠受到了严重的酒精性肝损伤。而Pyr、TMP及联合作用均能有效激活ADH活性，提高小鼠血清中ADH含量，其ADH活性依次为Pyr & TMP＞TMP＞Pyr。

3.3　三甲基吡嗪和四甲基吡嗪对小鼠肝功能的影响

本实验研究显示，各药物干预组TB含量均高于模型组，同时联合作用组与模型组相比有显著性差异（$P<0.05$）。模型组的sGOT、sGPT含量高于空白组（$P<0.05$），各药物干预组sGOT水平与模型组相比分别下降了38.85%，23.94%，35.86%，同时Pyr组也能显著降低sGPT含量，显示了Pyr和TMP特别是Pyr对于酒精性肝损伤良好的保护作用，这与Zheng等[12]研究结果相一致。另外，相比于sGOT和sGPT水平，急性酒精肝损伤后的sALP水平没有显著升高（$P>0.05$），可能是因为肝细胞内的ALP并不像转氨酶那样游离存在，而是与脂性膜紧密结合，不易释放入血，也有可能是因为肝内ALP主要位于胆管区，远离肝窦，即使肝损伤使ALP成为可溶性，其进入胆汁的量也远多于进入血中的量，而使血清ALP无明显升高[13]。

实验还发现，各药物干预组的MDA含量都低于模型组（$P<0.05$），Pyr组不仅使因酒精中毒引起的MDA含量升高得到了有效的缓解，还使其终含量与空白组相比无显著性差异，从而显示了其良好的健康效用。同时，联合作用组的GSH含量明显高于模型组、Pyr组和TMP组（$P<0.05$）。Chen等[14]研究表明，TMP以剂量依赖方式减少MDA的生成；褚燕君等[15]发现，TMP对酒精性肝炎患者的血清SOD、脂质过氧化物（LPO）等指标均有不同程度的改善，这些研究结果均与本实验研究结果一致。而关于Pyr的报道较少。

总的说来，TMP，Pyr以及两者联合使用均对急性酒精性肝损伤有保护作用，且联合使用的保护作用更强。

[摘自：三甲基吡嗪及四甲基吡嗪对急性酒精肝损伤小鼠的保护作用. 营养学报，2013，35(5):482–483.]

3.2.3.3　写作讨论的注意问题

（1）解释本次结果

① 解释而不是复述本论文研究的结果：不要过细地重复结果中已提及的数据或其他资料；不要简单地罗列实验数据、描述实验现象，没有形成作者自己对实验结果的观点。

② 解释本论文研究的结果要恰如其分：有些作者往往不能很好把握诠释的分寸，要么诠释不足，未能针对研究结果作出必要的合乎逻辑的解释；要么诠释过度，置研究结果于不顾，根据自己的设想进行讨论，或者为了凑足文章字数而讨论一些与本论文研究不密切的内容，忽视本文应讨论

的问题；要么诠释不当，以偏概全，以局部结果轻易推论整体，或仅凭主观做出结论。

（2）比较已有结果　比较已有结果需要引用大量的参考文献，要注意：

① 正确地引用文献：不要整段地引用参考文献，而是摘其主要数据、观点或结论，否则会有剽窃之嫌；不要简单地引用参考文献，而要对文献观点的整合和分析，提出作者自己的观点；不要错误地引用参考文献，要认真核查参考文献原文，不能以简单的“拷贝、粘贴”的方式二次引用，造成误引。

② 合理地使用文献：讨论应明确主题，合理地使用文献引用。不要引用与本论文研究不太相关或完全无关的文献，使得作者的观点模糊不清，忽视了本应讨论的问题。不要将讨论写成文献综述。

（3）突出创新成果　不要烦琐地叙述众所周知的常识，重点笔墨放在自己的创造性研究方面；不要故意地回避重要的参考文献，以凸显自己研究的“新颖”和“价值”。

提示

文章的力度看方法，文章的水平看讨论。与其他部分相比，讨论通常是科技论文最难写的一部分，也是最能体现作者学术功底的部分。

讨论的写法没有固定的套路。当你不会写讨论的时候，可以考虑从以下4个方面入手：

（1）解释本次结果；

（2）比较已有结果；

（3）突出创新成果；

（4）提出努力方向。

3.2.4　结论（conclusion）

★　GB 7713规定　★

报告、论文的结论是最终的、总体的结论，不是正文中各段的小结的简单重复。结论应该准确、完整、明确、精练。

如果不可能导出应有的结论，也可以没有结论而进行必要的讨论。

可以在结论或讨论中提出建议、研究设想、仪器设备改进意见、尚待解决的问题等。

结论是由实验结果和讨论部分得出的总结。

对于学位论文，学士学位论文一般不分章，由于在正文前已经有摘要，所以在正文后可以不写“结论”。硕士和博士学位论文通常分章，由于每一章前面没有摘要，所以有必要在每章的正文后面写一个“本章小结”；也可以在整篇论文的最后写个“全文总结”。学位论文的结论，对字数没有具体要求。

对于期刊论文，为避免与摘要重复，很多期刊已经取消了对“结论”的要求。如果要求写“结论”，字数通常控制在100～300字。

3.2.4.1 结论的作用

写结论的目的，可以使读者快速了解全文总结，便于读者作笔记或卡片。

3.2.4.2 结论的内容

结论部分的内容要求，与摘要没有根本性的差异。其写作内容一般应包括以下两个方面：

① 定性的总结：本研究的关键性发现是什么，得出什么结论；本研究对前人的观点作了哪些证实、补充、修正或否定。

② 未解决的问题（这与摘要不同）：本文研究存在的不足之处或未予解决的问题，以及对解决这些问题的可能的关键点和方向。

3.2.4.3 写作结论的注意事项

① 结论要简明扼要：对于期刊论文，通常结论不要太长，一般两三个比较短的段落即可，否则起不到画龙点睛和一锤定音的效果。对于学位论文的全文总结，篇幅可以稍长一些。

② 结论要层次分明：每条结论可自成段落（这与摘要不同）。

③ 结论不能写成对文中各段小结的简单重复：如果得出的结果的要点在正文没有明确给出，可在结论部分以最简洁易懂的文字写出。

④ 结论要含义明确：结论应写得像法律条文，即只有一种解释。不能模棱两可，含糊其辞，不能用“大概”“也许”“可能”这类词语，以免使人产生似是而非的感觉，怀疑论文的真正价值。

⑤ 结论要注意分寸：不要夸大其词、牵强附会，轻率地否定或批评别人的结论；也不要自我评价，如本研究结果“具有国际先进水平”“属国内首创”“填补了国内空白”等。该成果到底属何种水平，读者自会判断。

提示

结论与摘要的内容要求，没有根本性的差异，主要有两点不同：

① 在形式上，结论可以分段，而期刊论文的摘要一般不分段。

② 在内容上，结论可以写研究存在的不足之处、未予解决的问题和努力的方向，而摘要不可以写。

3.3 致谢（acknowledgements）

★ GB 7713规定 ★

可以在正文后对下列方面致谢：

国家科学基金、资助研究工作的奖学金基金、合同单位、资助或支持的企业、组织或个人；

协助完成研究工作和提供便利条件的组织或个人；

在研究工作中提出建议和提供帮助的人；

给予转载和引用权的资料、图片、文献、研究思想和设想的所有者；

其他应感谢的组织和人。

科技论文主体部分的引言、正文和参考文献，都是必备的结构要素。致谢并非是必备的结构要素，只有当确实有致谢对象需要列出的时候才有。

3.3.1 致谢的基本要求

3.3.1.1 致谢的对象

致谢的对象是对本研究在人力、物力（设备）、财力（资金）以及文献资料等方面，直接提供过支持和帮助的团体和个人。

3.3.1.2 致谢的位置

在学位论文中，通常将致谢放在论文的最后，自成一页。在期刊论文中，专列致谢项，置于正文之后，参考文献之前。自成一段，不宜用括号括起来。

3.3.2 致谢的书写格式

3.3.2.1 学位论文的致谢

学位论文致谢的格式和内容，没有统一的规定，可以有多种写法，而且可以写得很有个性。

示例：最常见的中规中矩型的学位论文致谢

致谢

本论文是在×××教授的悉心指导和亲切关怀下完成的。从文献查阅、论文选题、课题设计到论文的撰写，都凝聚了导师大量的心血和精力。首先向给予我殷切教诲的导师表示我诚挚的感谢和崇高的敬意！

感谢×××教授帮助完善实验设计，感谢×××老师和×××老师给予实验指导，感谢×××老师提供仪器设备，感谢×××老师提供实验材料……

感谢本课题组×××、×××、×××等同学在实验和生活中对我的帮助和关心。

感谢家人多年来在生活、学习等各方面对我的关心与付出，是他们的鼓励和支持使我顺利地完成学业。

本课题研究得到“×××项目”及×××公司的经费资助，谨此致谢！

3.3.2.2 期刊论文的致谢

① 将“感谢”写在致谢语句句首：感谢×××经费资助（或“提供设备”“测试数据”“提供资料”等）。

示例1：感谢扬州大学生命科学学院×××教授提供乳杆菌菌株。

示例2：Authors are grateful to Colciencias and the Universidad Nacional de Colombia for financial support. Special thanks to Dave Williams (University of British Columbia, Vancouver, Canada) for his kind collaboration in recording of the ^{1}H-NMR, ^{13}C-NMR and CI-MS spectra.

② 将“感谢”写在致谢语句末尾。本研究承蒙×××经费资助（或“提供设备”“测试数据”“提供资料”等），谨此致谢。

示例1：扬州大学植保系×××教授对病原菌进行鉴定，谨此谢意。

示例2：本研究由×××教授惠赠Caco–2细胞株，×××博士提供使用流式细胞仪，谨致致谢。

③ 在致谢语句中省略“感谢”两字。本课题得到×××经费资助（或“提供设备”“测试数据”“提供资料”等）。

示例1：本课题得到国家自然科学基金经费资助（No. 39970083）。

示例2：This project is supported by the National Natural Science Foundation (No. 39970083).

3.3.3 致谢的注意问题

（1）要防止两种倾向，一是对本研究确实给予重要帮助的人不予致谢，不符合学术规范；二是对没有任何帮助的专家或领导列名致谢，有“攀龙”之嫌。

（2）在期刊论文中，不要对作者中列出的人员致谢，一般不需要对编辑和审稿人致谢。

（3）对列出的被致谢人，不能写错其姓名；如果是长着，不能直呼其名，要冠以学术头衔或尊称，如××教授、××老师等；如果有专业技术职务职称，就尽量不要写行政职务，如××处长、××书记等。

3.4 参考文献（references）

参考文献是为撰写或编写论著而引用的有关文献资料。在科技论文的引言、材料和方法以及讨论中，都会引用参考文献。凡是引用了文献中的重要理论、观点、数据和研究方法等，都要在文中出现的地方标明，并在文后列出参考文献目录。

3.4.1 参考文献的作用

引用参考文献主要有4个作用：

（1）反映真实的科学依据　参考文献注明了被引理论、观点、数据、方法的来源，反映了论文作者的科学态度和论文具有真实的科学依据，也为论文审阅者、编辑和读者评估论文的水平提供了客观依据。

（2）尊重他人的研究成果　引用一定数量的参考文献，表明了研究的继承性和对他人劳动成果的尊重，也免除了抄袭和剽窃的嫌疑。

（3）指明引用的资料出处　在撰写论文时，不可能将前人的所有成果都详尽地复述，只能将引用的文献出处列于文后，便于读者根据需要进一步阅读原文。引用参考文献也可以精练文字，节约篇幅，增加论文的信息量。

（4）为文献计量提供依据　著录参考文献可为文献计量研究机构提供引文统计的依据。因此，有些作者在文后写上“参考文献从略”，有些编辑为了安排版面删去一些重要文献，都是不合适的。

3.4.2 参考文献的基本要求

引用参考文献有两个基本要求——选择合理、著录规范。

3.4.2.1 选择合理

（1）选择参考文献的原则

① 尽可能引用最新的文献：进行某一专题的研究过程中，要时刻关注国内外该课题研究的进展和动态。在撰写论文时，要尽可能引用最新的文献，特别是最近5年内的文献。

引用年代较久的文献，通常限于有关经典理论或经典方法的文献，或作者就某个观点与之进行学术争鸣和讨论的文献，但研究科学史等特殊情况除外。

② 尽可能引用最主要的文献：某一专题的相关文献可能会有很多，但不一定要将读过的每一篇参考文献都在论文中引用。要注意鉴别和遴选，只选取作者亲自阅读过的、与论文关系密切的和最重要的参考文献。一篇论文中所引用的文献太多太杂，只表明作者对问题和研究的不确定，而并不表明作者的知识渊博。切忌从别人的论文中将参考文献直接照抄或拷贝过来，而没有真正了解原参考文献所表达的内容。尽量选用一次文献或重要的三次文献，一般不著录二次文献或转引文献，

不以教材中的常识作为参考文献。

③ 必须引用正式发表的文献：所引文献应该能够查到，即在文献服务部门中有收藏或在互联网上能查到的正式出版物。非正规出版的资料，诸如一般性学术报告、调研报告、技术交流资料、培训讲义、私人通信等，不作为参考文献列出。如果确实需要，可用脚注或文内注的方式说明。已被期刊通知采用和在排印中的文献可以引用，标上“排印中”（in press）。

④ 引用参考文献的条数：对引用参考文献的条数，没有严格的规定，要根据论文类型和课题研究状况而定。

对于学位论文，学士学位论文引用参考文献条数稍少，硕士和博士学位论文通常上百篇。

对于期刊论文，各种期刊对参考文献的数量有不同要求或不作要求。据统计，SCI收录的期刊论文，平均每篇引用参考文献约20篇，综述文章可以较多一些。

（2）选择参考文献的误区

① 知而不引：为了显出自己研究的新颖和领先，明明借鉴了类似工作的成果，却故意回避这些文献。

② 断章取义：为了烘托自己观点的需要，对其他文献的论点断章取义或以偏概全。

③ 引用有误：作者读到的仅是某个数据库中的一篇摘要，或者从其他文献的文后参考文献目录中二次转引，作者本人没有核查原始文献，致使引文讹误；或者因从其他文献直接拷贝产生格式错误，特别是直接从caj格式或pdf格式文档直接拷贝到word文档产生的错误。

④ 盲目自引：不是为了说明本研究与自己前期工作之间的关系，而是单纯为提高自己前期论文的被引用次数而自引。

3.4.2.2 著录规范

参考文献必须采用标准化的著录格式，依据是国家标准《GB/T 7714—2005 文后参考文献著录规则》。该标准中规定，参考文献的著录方法有“顺序编码制”（numeric references method）和“著者-出版年制”（first element and date method）两种，可选用其中一种。详见本章后面的介绍。

此外，学位论文还必须遵守学位授予单位的格式要求，期刊论文还必须遵守相关投稿期刊的“投稿须知”或“Guide for authors”。目前国内外不同的期刊对参考文献的著录要求会有差异，国外许多期刊的要求与我国国家标准的要求也不一致，在撰写投稿的期刊论文时必须注意。

在提交的同一篇论文中，对于参考文献的著录，一定要注意4个方面的全文统一：

（1）著录格式的统一　是采用“顺序编码制”还是“著者-出版年制”，期刊论文一般有投稿的要求，而学位论文通常没有具体的规定，全文要统一，不能混搭。

（2）作者项目的统一

① 是“姓前名后”，还是“名前姓后”，全文要统一。

② 是列出全部作者，还是列出部分作者后加“等”或“*et al.*”，全文要统一。建议在学位论文中列出全部作者，便于以后投稿时修改。

③“姓”的字母是全部大写还是首字母大写，在“姓”后是否加逗号“,”，全文要统一。在国家标准GB/T 7714—2005的示例中，“姓”的字母全部大写，“姓”后不加逗号“,”。但国外期刊极少要求将“姓”的字母全部大写。

④“名”的首字母缩写之后是否加下圆点“.”，两个及其以上缩写首字母之间是否空格，全文要统一。在国家标准GB/T 7714—2005的示例中，“名”的首字母缩写之后不加圆点“.”，缩写首字母之间空一格。但有些期刊的投稿要求加圆点“.”，不空格。

（3）文献题名格式的统一

① 对于期刊论文或图书的题名，仅仅是题名的第一个字母大写（专有名词除外），还是所有实词首字母都大写，全文要统一。一般来说，期刊论文的篇名仅仅是篇名首字母大写，图书的名称所有实词首字母都大写。

② 文献题名后是否加文献标识符（J，M，D，P，S等），对于投稿的期刊论文，国内中文期刊一般要求加，国外期刊肯定不需要加；而学位论文通常没有具体的规定，是否加上，全文要统一。

（4）文献来源格式的统一

① 英文期刊名称，是采用全称，还是采用缩写，全文要统一。建议在学位论文中列出英文期刊全称，便于以后投稿时修改成缩写形式。

② 期刊的卷、期著录格式全文要统一；起始止码中的“止页码”是否略去与“起页码”相同的部分，全文要统一。

3.4.3 参考文献的著录格式——顺序编码制

顺序编码制是引文采用序号标注，文后参考文献列表按引文的序号排序的参考文献标注体系。

小贴士

顺序编码体系又称为“温哥华格式”（Vancouver style）。1978年，国际上一些主要生物医学期刊的编辑在加拿大的温哥华集会，确定了向这些期刊投稿的统一要求。以“国际医学期刊编辑委员会”（ICMJE, http://www.icmje.org/）的名义公布了《向生物医学期刊投稿的统一要求》（Uniform Requirements for Manuscripts Submitted to Biomedical Journals），其后多次修订，现改名为《医学期刊学术工作行为守则、报告、编辑和出版的建议》（Recommendations for the Conduct, Reporting, Editing, and Publication of Scholarly Work in Medical Journals）。该文件对文稿的写作要求做了具体的规定，其中包括美国国立医学图书馆提供的参考文献著录格式，因此称之为“温哥华格式”。全世界参加这一组织并接受这一格式的期刊已有700多家。我国绝大多数期刊要求按此参考文献格式投稿，包括*Chinese Medical Journal*系列期刊。

3.4.3.1　“顺序编码制”参考文献在正文中的标注

在论文正文引用的参考文献处，标注参考文献的编码，即序号。将阿拉伯数字序号置于方括号中，上标（也有国外期刊规定上标但不用括号，或用括号但不上标）。所有的参考文献，按在正文中出现的先后顺序，用阿拉伯数字序号连续编码，并与文末参考文献列表的参考文献序号形成一一对应的关系。

务必注意，将参考文献序号在正文中标错位置，是科技论文中最常见的错误之一。标注的具体方法如下：

（1）未提及作者　如果在正文中只提及所引用的文献内容而未提及文献作者，参考文献序号标注在所引用的概念、观点或句子之后。

示例1：橄榄油中的多酚成分具有抗氧化活性[1]。

示例2：饮酒量与某些疾病的死亡率间存在“U”或“J”型曲线关系[1]。研究表明，相当于60kg体重的人每日饮用42度白酒的量不超过85.8 mL，具有保健作用[2]。……过量饮酒，可使TG升高[8]，而对于TC、LDL–C、HDL–C等的影响并不一致[9]。

（2）提及作者　在正文中提及文献作者，即作者是句子的组成部分时：

① 如果引用的文献只有一个作者，序号常直接注在引证作者之后。

示例：Miller[2]研究了橄榄油的多酚成分……

② 如果引用的是多个作者的文献，则将序号标注在作者“等”“等人”或“*et al.*”之后。

示例1：Keceli等[3]研究了橄榄油的抗氧化活性……

示例2：Grimble *et al.*[17] suggest that the different sensitivities of persons to the effect of diet …

③ 对于所提及的文献作者的姓与名，在中文论文中，中文作者写出姓名，欧美作者只写姓；在英文论文中，由于中文文献已经译为英文，中外作者均只需写出姓。

示例1（在中文论文中）：林舒文等[4]发现适度饮酒与心肌梗死危险性呈负相关……

示例2（在中文论文中）：Rimm等人[5]发现每天饮酒30 g会使血浆HDL升高0.10 mmol/L，从而使冠心病的危险率降低17%。

（3）同一处引用多篇文章　同一处引用多篇文献时，只需将各篇文献的序号在方括号内全部列出，各序号间用半角逗号“,”，空一格。如遇连续序号，可“–”标注起止序号。

示例：适量饮酒可以增加血清HDL–C，且在一定剂量范围内乙醇摄入与HDL–C水平呈正相关[10, 15]，也可降低TG、TC和LDL–C水平[25-28]。

（4）同一文献被多次引用　同一文献在文中被引用多次时，只编一个首次引用的序号。

① 如果对一篇页数不多的期刊论文引用多次，每次引用的页码范围都是一样的，则直接重复使用这个文献序号。

示例：酚类物质是水果和蔬菜抗氧化能力的重要提供者[11]，……苹果果皮和果肉的抗氧化性能力、咖啡酸、香豆酸和阿魏酸含量均高于桃和梨[11]。

② 如果对一本页数较多的专著或学位论文引用多次，每次引用的页码范围是不同的，则在正文中重复使用这个文献序号，但将引文页码或起止页码放在方括号“[]”外，与“[]”同为上标。文后的参考文献表中不再重复著录页码。

示例：张旭东[4]15–17研究表明槲皮素对缺血性脑损伤有保护作用……张旭东[4]55认为抗自由基和抑制一氧化氮生成有关……张旭东[4]70-75探讨了……

（5）并列作者或并列项目　文中同时列出多个作者或多个并列项目时，作者或项目之间用顿号隔开，将引用的参考文献编号在列出的每个作者或每个项目上方用标号标注，标号要尽可能地靠近引文处。

示例1：对大豆异黄酮研究的综述类文章比较多，例如刘洪波[2]、黄宗忠[3]、裴成发[4]、邱五芳[5]等人的文章。

示例2：大豆异黄酮具有延缓女性衰老[7]、改善更年期症状[8]、改善骨质疏松[9]、预防血脂升高[10]和心血管疾病[11]等作用。

（6）文献序号作正文叙述　文献序号作为句子的组成成分直接在正文叙述时，文献序号与正文文字并排，不上标。

示例1：采用文献[5]的方法进行测定……

示例2：本实验的具体操作方法见文献[8]。

3.4.3.2　“顺序编码制”参考文献在文后的列表

（1）排列方式　将各篇文献按正文部分标注的序号依次“流水”列出，形成参考文献列表。文献年代不写在作者后面。

（2）对应关系　文后参考文献的序号与正文参考文献的序号形成一一对应的关系。凡在正文中标注了文献序号的，其文献都必须列入参考文献表中；反之，凡是在参考文献表中列出的，都必须在正文中有引用。

示例：

---

[1] THADHANI R, CAMARGO C A, STAMPFER M J, *et al*. Prospective study of moderate alcohol consumption and risk of hypertension in young women [J]. Arch Intern Med, 2002, 162: 569–574.

[2] 吴婷婷, 孙惜时, 冉昇. 芝麻香型白酒对大鼠血脂、血糖和肝功能的影响[J]. 酿酒科技, 2013, (2):46–49.

[3] 庄名扬. 再论美拉德反应产物与中国白酒的香和味[J]. 酿酒科技, 2005, (5): 34–38.

[4] 吴建峰. 中国白酒中健康功能性成分四甲基吡嗪的研究[J]. 酿酒科技, 2007, (1):117–120 .

[5] 杨涛, 李国友, 吴林蔚. 中国白酒健康因子的研究及其产生菌选育和在生产中的应用(I). 中国白酒健康因子的研究[J]. 酿酒科技, 2010, (12):65–69.

[6] SHAN A L, KWAN Y W, KWOK C C, *et al*. Mechanisms responsible for the in vitro relaxation of

ligustrazine on porcine left anterior descending coronary artery[J]. Eur J Pharmacol, 2003, 468:199–207.

[7] YANG Q H, LIANG Y, XU Q, *et al*. Protective effect of tetramethylpyrazine isolated from *Ligusticum chuanxiong* on nephropathy in rats with streptozotocin-induced diabetes[J]. Phytomedicine, 2011, 18: 1148–1152.

[8] 彭易清, 林婉媚, 聂伟明. 长期危险饮酒与脂代谢糖耐量变化及动脉硬化的关系[J]. 检验医学与临床, 2008, 5:197–199.

[9] 谢屹. 长期饮酒与血压、血脂和血糖的关系[J]. 华西医学, 2008, 23: 1513–1514.

[10] SAREM I A, ARORA R. The cardiovascular implications of alcohol and red wine [J]. Am J Therap, 2008, 15:265–277.

3.4.3.3 "顺序编码制"参考文献在文后的著录格式

（1）图书（含普通图书、会议文集、资料汇编、技术报告等）

著录格式：

[序号] 主要责任者. 文献题名: 其他题名信息（任选）[文献类型标志]. 其他责任者（任选）. 版本项（第1版不注）. 出版地: 出版者, 出版年: 起止页码（当整体引用时不注）.

示例：图书的著录格式

[1] 马莺, 王静, 牛天娇. 功能性食品活性成分测定[M]. 北京：化学工业出版社, 2005:145–189.

（注：在出版年和起止页码之间，标准GB/T 7714—2005规定用冒号":"，而原标准GB 7714—1987规定用下圆点"."，注意此变化。）

[2] 菲尼马 O. R. 食品化学[M]. 王璋等, 译. 第3版. 北京：中国轻工业出版社, 2003.

（注：如果无确指页码时可免除页码项。）

[3] 高福成. 现代食品丛书: 快餐食品[M]. 北京：中国轻工业出版社, 2000:12–58.

（注：当书名中含有其他题名信息时，要在其前加冒号":"。）

[4] 蔡永民, 王琼雯. 第一届食品安全法论坛论文集[C]. 北京：法律出版社, 2013.

[5] 中国标准出版社第一编辑室. 中国食品工业标准汇编[G]. 北京：中国标准出版社, 2006.

[6] 中国食品科学技术学会. 2012—2013食品科学技术学科发展报告[R]. 北京：中国科学技术出版社, 2014.

[7] PEEBLES P Z. Probability, Random Variable, and Random Signal Principles [M]. 4th ed. New York: McGraw Hill, 2001:216–268.

[8] YUFIN S A. Geoecology and Computers: Proceedings of the Third International Conference on Advances of Computer Methods in Geotechnical and Geoenvironmental Engineering, Moscow, Russia,

February 1–4, 2000 [C]. Rotterdam: A. A. Balkema, 2000.

[9] World Health Organization. Factors Regulating the Immune Response: Report of WHO Scientific Group [R]. Geneva: WHO, 1970.

（2）论文集中析出的文献

著录格式：

[序号] 析出文献主要责任者. 析出文献题名 [文献类型标志] // 源文献主要责任者. 源文献题名. 版次（第1版不注）. 出版地: 出版者, 出版年: 析出文献起止页码.

示例：论文集的著录格式

[1] 葛可佑. 人群热能和蛋白质需要量[M]//蒋建平. 优质蛋白质与膳食营养. 北京：中国农业科技出版社, 1993:69–76.

[2] 陈丽娟. 流通环节食品安全管理存在的问题与对策[C]// 第一届食品安全法论坛论文集. 北京：法律出版社, 2013:168–171.

[3] WEINSTEIN L, SWARTZ M N. Pathologic properties of invading microorganisms[M]// SODEMAN W A. Pathologic Physiology: Mechanisms of Disease. Philadelphia: Saunders, 1974:457–472.

（3）连续出版物中的析出文献（主要为期刊论文）

期刊论文著录格式：

[序号] 主要责任者. 文献题名[J]. 刊名, 年, 卷（期）:起止页码.

示例：期刊论文的著录格式

[1] 陈君石, 高俊全. 1990年全国总膳食研究[J]. 卫生研究, 1993, 4(1):8–15.

[2] 薛晓东, 叶瑾琳. 大豆苷元衍生物的合成与药理作用[J]. 扬州大学学报: 自然科学版, 2014, 35(1):101–106.

[3] YOU C H, LEE K Y, CHEY R Y, MENGUY R. Electrogastrographic study of patients with unexplained nausea, bloating and vomiting[J]. Gastroenterology, 1980, 79(2):311–314.

（注：期刊论文在出版年之后用逗号“,”，不用冒号“:”，这与图书不同。换一个角度理解，可将期刊论文“出版年和卷、期”作为一个整体，相当于图书的“出版年”，冒号“:”都是用在页码范围前面。）

（4）学位论文

著录格式：

[序号] 主要责任者. 文献题名[D]. 所在地: 学位授予单位, 时间, 起页—止页（选择项）.

示例：学位论文的著录格式

[1] 王建平. 大豆奶粉的超细速溶研究[D]. 扬州：扬州大学, 2014:10–36.

[2] 刘志华. 保健食品中大豆异黄酮测定方法[D]. 北京：中国农业科学院, 2014.

（注：如果无确指页码时可免除页码项。）

[3] YORSSEF N M. School adjustment of children with congenital heart disease [D]. Pittsburgh (PA): University of Pittsburgh, 1988.

（5）专利文献

著录格式：

[序号] 专利申请者或所有者. 专利题名: 专利国别, 专利编号[P]. 公告日期或公布日期.

示例：专利文献的著录格式

[1] 姜锡洲. 一种温热外敷药制备方案: 中国，88105607.3[P]. 1989-07-26.

[2] 铃木隆史. 甲基萘类的异构化法: 日本，公開特許公報 JP4-120028[P]. 1992-03-01.

[3] HARRED J F, KNIGHT A R. Epoxidation process: US, 3654317[P]. 1972-04-04.

（6）标准文献

著录格式：

[序号] 作者（选择项）. 标准编号, 标准名称 [文献类型标志]. 出版地（选择项）: 出版者（选择项）, 出版年（选择项）.

由于标准可以不列出作者、出版者和出版年，在一般情况下，也可简化为以下格式：

[序号] 标准代号, 分类号—年代号.

示例：标准文献的著录格式

[1] GB 14880—2012, 食品营养强化剂使用标准[S].

[2] 中华人民共和国国家质量监督检验检疫总局，中国国家标准化管理委员会第七分委员会. GB/T 7714—2005, 文后参考文献著录规则[S]. 北京：中国标准出版社, 2005.

可简化为：

GB/T 7714—2005, 文后参考文献著录规则[S].

（7）电子文献

著录格式：

[序号] 作者. 题名[电子文献/载体类型标志]. 出版地：出版者，出版年（更新或修改日期）[引用日期]. 获取和访问路径.

示例：网页文献的著录格式

[1] 江向东. 互联网环境下的信息处理与图书管理系统解决方案[J/OL]. 情报学报，1999, 18(2):4 [2000–01–18]. http://www.chinainfo.gov.cn/periodical/qbxb/qbxb99/qbxb990203

[2] 李玉珍，林亲录，肖怀秋，赵谋明. 大豆异黄酮的功能特性研究进展[EB/OL]. (2006-03-15) [2006-04-15]. http://www.sfncc.org.cn/ z_show

[3] PACS L. The public-access computer system of forum[EB/OL]. Houston, tex: University of Houston Libraries, 1989[1995–05–17]. http://info.lib.uh.edu/pacsl.html

3.4.4 参考文献的著录格式——著者—出版年制

著者—出版年制是引文采用著者和出版年标注，参考文献列表按著者字顺和出版年排序的参考文献标注体系。

小贴士

著者—出版年制也叫作者—日期法（author-date method），又称为哈佛格式（Harvard style）或哈佛注释体系（Harvard system）。这种标注体系起源于美国，20世纪中期开始流行。国际上约有一半的自然科学期刊和专著采用此格式，而且有越来越多的趋势。

3.4.4.1 “著者—出版年制”参考文献在正文中的标注

在论文正文引用的参考文献处，标注参考文献“著者”和“出版年”，并与文末参考文献列表的参考文献“著者”和“出版年”形成一一对应的关系。

对于其中的“著者”，在中文论文中，对中国作者应标全作者的中文姓名，对欧美作者只标注姓；但在英文论文中，由于中文文献已经译为英文，中外作者都只需标注姓。

在正文中的标注的具体方法如下：

（1）未提及作者　如果文中只提及所引用的文献内容而未提及作者，则在所引用的概念、观点或句子之后用圆括号标注作者和出版年份，在作者和年份之间空一格。

示例1：高镁可维持大鼠心肌谷胱甘肽过氧化物酶的活性（宋安云 2012）。

示例2：During the past 5 years several developed countries from North America, Europe and Asia have shown interest for Maca, particularly for its aphrodisiac effects (Koufen 2010).

示例3：Dietary lignans are part of a group of naturally occurring plant compounds called phytoestrogens, which also includes isoflavonoids and coumestans (Mazur 2012).

（2）提及作者

① 如果文中提及作者，即作者是句子的组成部分，则只需在被引用的作者之后用圆括号标注参考文献的出版年份。

示例1：张桂梅（2011）发现添加氨基酸镁可增加肉鸡肌肉的光亮值。

示例2：Vanttinen (2010) has reported that oral administration of a lipid extraction of Maca increased the sexual function of mice and rats.

② 在引用两位作者的一篇文献时，两个作者之间加“和”（中文）或“and”（英文）。

示例1：……提高微生物代谢酶活性（康民和许刚 1998），促进微生物的生理代谢（Smith and Bruns 1987）。

示例2：Phytoestrogens are structurally similar to the hormone estrogen and may exert an estrogenic effect in the body by binding to estrogen receptors (Aldercreutz and Mazur 1997).

③ 在引用3位或3位以上作者的一篇文献时，对中文论文中的中国作者应标全第一作者的姓名，其后附“等”字，对欧美作者只需标注第一个作者的姓，其后附“*et al.*”。

示例1：牛磺酸主要存在于畜禽类、水产品和奶制品中，而在蔬菜、水果、谷类、干果类等食物中牛磺酸的含量很少（马世平等 2013）。

示例2：牛磺酸有促进视觉感受器发育和改善视功能的效果（Harver *et al.* 2009）。

④ 在引用同一作者在同一年出版的多篇文献时，无论正文还是文末，出版年后应用小写字母a, b, c…加以区分。

示例1：采用高效液相色谱—质谱联用法测定染料木素的含量（王平军 2013a, 2013b, 2014）。

示例2：In recent years, research regarding dietary intake of phytoestrogens has been of particular interest in relation to hormone-related cancers, heart disease, menopause and osteoporosis (Kleijn *et al.* 2001a, b).

（3）同一处引用多篇文献　在同一处引用多篇文献时，按作者字母顺序排列，不同作者文献之间用分号隔开。

示例：毛细管电泳法具有速度快、选择性高、分离效率高、经济及样品前处理简单等优点（Alliso *et al.* 1971; Bjerknes 1969, 1973; Doberitz 1969; Doberitz *et al.* 1967）。

（4）同一篇文献被多次引用　同一篇文献在文中被多次引用，且页码范围不同时，在正文中标注作者与出版年，并在“（ ）”内以冒号形式标注引文页码，文后的参考文献表中不再重复著录页码。

示例：高效液相色谱法是目前测定大豆异黄酮最常用的一种方法，此法具有测定样品范围广，样品制备步骤少，分离效率高、灵敏度好、测定结果准确等特点，且有多种检测器可供选择（李明俊 2006:32）。……样品多采用不同浓度的甲醇提取后再用酸或酶水解，然后进行测定（李明俊 2006:63）。

3.4.4.2　“著者—出版年制”参考文献在文后的列表

（1）排列方式　在中文论文中，如果参考文献有不同文种，各篇文献首先按中文、日文、俄文、英文等文种集中，然后按作者和出版年排列。其中，中文文献通常按第一作者姓氏的汉语拼音字母顺序排列，西文和俄文按第一作者姓氏字母顺序排列。在英文论文中，由于所有参考文献都被翻译为英文一个文种，参考文献完全按第一作者姓的首字母排列。

不要给每条参考文献编序号。

（2）对应关系　文后参考文献的“著者”和“出版年”，与正文标注的参考文献“著者”和“出版年”形成一一对应的关系。凡在正文中括注了作者和出版年的，其文献都必须列入参考文献表中；反之，凡是在参考文献表中列出的，都必须在正文中有引用。

示例：

戴尧天, 张昭, 高子芬. 1994. 刺梨降低鹌鹑血脂和阻断动脉粥样硬化形成的作用[J]. 营养学报, 16(2):201–204.

傅乃武, 刘朝阳, 张如意, 等. 1994. 甘草黄酮类和三萜类化合物抗氧化作用的研究[J]. 中药药理与临床, 10(5):26.

林实秋, 陈吉棣. 2000. 山楂及山楂黄酮预防大鼠脂质代谢紊乱的分子机制研究[J]. 营养学报, 22(2):131–136.

余杰, 陈美珍. 1997. 亮叶杨桐中类黄酮提取及其抗氧化、抑菌作用的研究[J]. 汕头大学学报, 12 (2):52–58.

Kirk E A, Sutherland P, Wang S A, Chait A, Boeuf R C. 1998. Dietary isoflavones reduce plasma cholesterol and atherosclerosis in C57BL / 6 mice but not LDLreceptor - deficient mice [J]. J Nutr., 128:954–959.

Mazur W M, Duke J A, Wahala K, Rasku S, Adlercreutz H. 1998. Isoflavones and lignans in legumes: nutritional and heath aspects in humans[J]. J Nutr. Biochem., 9:193–200.

Nagata C N, Takasuka Y. 1998. Decreased serum total cholesterol concentration is associated with high intake of soy products in Japanese men and women[J]. J Nutr., 128:209–213.

Potter S M, Baum T A, Yu T H. 1998. Soy protein and iaoflavones: their effect on blood lipids and bone density in postmenopausal women[J]. Am. J Clin. Nutr., 68:1375S–1379S.

3.4.4.3 “著者—出版年制”参考文献在文后的著录格式

“著者—出版年制”参考文献在文后的著录格式，与“顺序编码制”基本类同，因此不再赘述。

其主要差异是：

（1）由于在正文标注时将“著者”和“出版年”作为一个相关联的整体，因此在文后须将项目“出版年”提前，放在最后一名作者之后、题名之前。

（2）最后一名作者与项目“出版年”之间，一般用下圆点“.”，有的期刊用半角逗号“,”。

（3）同一著者在同一年出版的多篇文献，出版年后应用小写字母a, b, c…加以区分。

示例1：期刊论文

宋安云, 王利全. 2012. 铁对缺血心肌的保护作用. 病理生理杂志, 12(2):126–129.

ALDERCREUTZ H, MAZUR W. 1997. Pyto-oestrogens and western diseases. Annals of Medicine, 29, 95–120.

KLEIJN M J J, SCHOUW Y T, WILSON P W F. 2001a. Intake of dietary phytoestrogens is low in postmenopausal women in the USA: the framingham study (1–4). Journal of Nutrition, 131, 1826–1832.

KLEIJN M J J, GROBBEE D E, JACQUES P F. 2001b. Dietary intake of phytoestrogens is associated with a favorable metabolic cardiovascular risk profile in postmenopausal US women: the framingham study. Journal of Nutrition, 132, 276–282.

示例2：学位论文

冉昇. 2011. 大豆苷元C8羟基化的静息细胞转化及其目标代谢酶系. 扬州大学, 21-31.

小贴士：采用“顺序编码制”还是“著者—出版年制”？

“顺序编码制”和“著者—出版年制”各有其优点和缺点。“顺序编码制”在正文引用处显得简洁明了，但在文稿修改过程中，一旦插入、删除或移动某些参考文献条目，所有的参考文献编号都会被打乱，需要重排。“著者—出版年制”避免了这一问题，但在正文引用处显得不够简洁。

在著录参考文献时，究竟是采用“顺序编码制”还是“著者—出版年制”？

学位论文通常对此没有具体的规定，二者选一皆可，但全篇要统一。也有单位做出具体的规定，例如西北农林科技大学规定研究生学位论文的参考文献引用采用“著者—出版年制”。

期刊论文采用哪一种方式，一般要遵守投稿期刊的投稿要求。

（1）在国内的中文期刊中，绝大多数期刊采用“顺序编码制”；少数期刊采用“著者—出版年制”，如《动物营养学报》《地理科学进展》《心理科学》《地球物理学报》等，但采用“著者—出版年制”的期刊有数量增多的趋势。

（2）在英文期刊中，采用“顺序编码制”的和采用“著者—出版年制”的期刊，约各占一半。

例如，采用“顺序编码制”的英文期刊有*Journal of Agricultural and Food Chemistry, Asia Pacific Journal of Clinical Nutrition, Nutrition, Nutrition Research, Pharmacological Research*等。

采用“著者—出版年制”的英文期刊有*Food Chemistry, Food and Chemical Toxicology, LWT - Food Science and Technology, Journal of Food Composition and Analysis, Journal of Food Science, Journal of the Science of Food and Agriculture*等。

3.4.5 参考文献的著录细则

在文后参考文献列表中，参考文献的著录项目包括作者姓名（即主要责任者或其他责任者姓名）、书名及其版本、刊名、出版项（出版地和出版者）、出版年与卷号（期号）、起始页码，以及所用的著录符号等。

下面对这些项目的著录规则一一介绍。其中要特别注意，最容易出现错误的是作者、卷号（期号）和著录符号。

3.4.5.1 作者姓名

（1）个人作者采用“姓在前、名在后”的著录形式。

① 欧美作者的“姓”，首字母必须大写；“姓”的其他字母的大小写没有明确规定。在GB/T 7714—2005的示例中“姓”的全部字母都大写，国外大部分期刊要求“姓”的其他字母小写。

② 欧美作者的“名”，可缩写为首字母，大写。在GB/T 7714－2005的示例中其后不加缩写点“.”，但有些期刊要求其后加缩写点“.”。

示例：EINSTEIN A（原文署名：Albert Einstein）。

③ 欧美作者的“名”，如果有两个及其以上缩写首字母，在GB/T 7714－2005的示例中其间加空格，但所有执行美国国立医学图书馆参考文献格式的期刊都不空格。

示例1（空格）：RAWAL R S（原文署名：Ranbeer Singh Rawal）

示例2（不空格）：RAWAL RS（原文署名：Ranbeer Singh Rawal）

（2）作者少于或等于3人时，应全部写出，之间用“,”号相隔。

作者超过3人时，在学位论文中是否全部写出，通常没有具体规定，建议在参考文献列表中写出所有作者，便于后期投稿时决定删减或保留；在期刊论文中，有的期刊要求只写前3人，其后加“,等”或者与之相应的词，如“*et al.*”（“*et al.*”之前要加“,”号），但也有的期刊要求写出全部作者。

示例：YELLAND R L, JONES S C, EASTON K S, *et al.*

（3）欧美作者的中译名，可以只著录其姓；同姓不同名的欧美作者，中译名不仅要著录其姓，还需要著录其名。

示例：韦杰（原题：伏尔特·韦杰）

（4）译者是相对于“主要责任者”（作者）的“其他责任者”，姓名置于书名或题名之后。

示例：昂温 G., 昂温 P S. 外国出版国史[M]. 陈生铮, 译. 北京：中国书籍出版社, 1988.

（5）对文献负责的机关团体名称，通常根据著录信息源著录。用拉丁文书写的机关团体名称应由上至下分级著录。

示例1：中国科学院物理研究所

示例2：American Chemical Society

示例3：Stanford University, Department of Civil Engineering

3.4.5.2 书名及其版本

（1）书名按著录来源所载的形式著录，不加书名号。

（2）书的版次一律用阿拉伯数字表示。版次中的第1版不著录，其他版本说明需著录。如中文版次可表示为第2版、第3版、第5版、修订版等；外文版次可用序数词的缩写形式表示，如2nd ed.，3rd ed.，5th ed.等。

示例：

第3版（原标志：第三版）

5th ed.（原标志：Fifth edition）

1978 ed.（原标志：1978 edition）

Rev ed.（原标志：Revised edition）

3.4.5.3 刊名

（1）期刊名称均不加书名号。

（2）期刊名称采用全称还是简称，以及简称的缩写词后面是否加圆点“.”，学位论文没有统一规定，建议用全称不用简称，便于投稿时修改；期刊论文要根据期刊的投稿要求决定。

（3）外文期刊刊名的缩写规则，参照ISO 4:1997(E)《信息与文献——出版物题名用语和标题缩写规则》。缩写词是否加缩写点，全文应保持一致。

小贴士：期刊名称全称与简称的查询方法

（1）一般方法

利用普通搜索引擎查询。

（2）专业方法

方法1：利用Jointly Administered Knowledge Environment

网址：http://jake.openly.com/

将缩写输入查询框内，按“search”即可。不需把缩写后的“.”号输入，但每个缩写单词间要空格。

方法2：采用耶尔大学的期刊缩写查询系统

网址：http://info.med.yale.edu/library/journalfinder/

方法3：利用生物工程类期刊缩写专用搜索器

网址：http://darwin.nmsu.edu/ ~molbio/bioABACUShome.htm

方法4：利用生物医学类期刊缩写专用搜索器

网址：http://library.med.ohio-state.edu/abrv/

方法5：利用Medline的期刊缩写专用搜索器

网址：http://www.ncbi.nlm.nih.gov/PubMed%20/

3.4.5.4 出版项

出版项按出版地、出版者顺序著录。

示例1：北京：科学出版社, 1985.

示例2：New York: Academic Press, 1978.

（1）出版地

① 指出版者所在的城市名称。对于同名异地或不为人们所熟悉的城市，可在其名后附省名、州名、国名等。

示例1：Cambridge, Eng.

示例2：Cambridge, Mass.

② 尽管出版者名称中包含了地名，出版地也不能省略，如“北京：北京大学出版社”。

③ 文献中载有多个出版地时，可只著录1个处于显要位置的、与版（本）次相关的出版地。

示例1：北京：科学出版社, 2000（原标志：科学出版社 北京 上海 2000）

示例2：London: Butterworths, 1978.（原标志：Butterworths London Boston Sydney Wellington Durban Toronto 1978）

（2）出版者

① 可以按著录来源的形式著录，也可以按公认的简化形式或缩写形式著录。

示例1：科学出版社（原标志：科学出版社）

示例2：Elsevier Science Publishers（原标志：Elsevier Science Publishers）

示例3：Wiley（原标志：John Wiley and Sons Ltd.）

示例4：IRRI（原标志：International Rice Research Institute）

② 著录来源载有多个出版者时，可只著录1个处于显要位置的、与版（本）次相关的出版者。

示例：

Chicago: ALA, 1978（原标志：American Library Association/Chicago, Canadian Library Association/Ottawa, 1978）

3.4.5.5　出版年、卷号（期号）与页码

（1）出版年

①采用公元纪年，并用阿拉伯数字著录。如遇其他纪年形式，可将原有的纪年置于“(　)”内。

示例：1705（康熙四十四年）

② 对于报纸和专利文献，要著录出版日期，其形式为年–月–日。

示例：2000–02–15

（2）图书的出版年份、页码　图书的出版年份后，如果无确指页码时可免除页码项；如果需要表明页码，则在出版年和起止页码之间用半角冒号“:”。

著录形式如下：年份: 页码范围。

示例：2014:162–168，表示2014年出版，第162–168页。

（注：国家标准《GB/T 7714—2005 文后参考文献著录规则》的规定用“:”，原标准《GB 7714—1987 文后参考文献著录规则》规定用“.”，注意此变化。）

（3）期刊的出版年份、卷号（期号）、页码

著录形式如下：年份，卷号（期号）：页码范围。

期刊的出版年之后半角逗号“,”（注意这与图书不同），卷号(期号)与页码范围之间用半角冒号“:”。

示例： 2014, 12(4):28-32.

年, 卷(期):起始页码.

有的期刊不分卷，只有每年出版的期号，这时在准确标明年份的前提下，将“期”加小括号放在“年”之后。

有的期刊分卷，且每卷各期的页码连续编排，“期”可以省略（但为了便于查询最好也标上）。

有的期刊分卷，但每卷各期的页码不连续编排，“期”必须注明，并应加小括号放在“卷”的后面。

示例：

吴婷婷, 孙惜时, 冉昇. 芝麻香型白酒对大鼠血脂、血糖和肝功能的影响[J]. 酿酒科技, 2013, (2):46–49.（注：该期刊不分卷，无卷号。）

THADHANI R, CAMARGO C A, STAMPFER M J, *et al*. Prospective study of moderate alcohol consumption and risk of hypertension in young women [J]. Arch Intern Med, 2002, 162: 569–574.（注：该期刊有卷号，每卷各期的页码连续编排，可省略期号。）

戴尧天, 张昭, 高子芬. 刺梨降低鹌鹑血脂和阻断动脉粥样硬化形成的作用[J]. 营养学报, 1994, 16(2):201–204.（注：该期刊有卷号，每卷各期的页码不连续编排，因此卷号、期号均不能省略。）

（4）页码　如果不是参考了整本文献，就需要加上起止页码。起止页码范围通常不用浪纹线“～”和一字线“—”，而是用半字线“–”。

在美国国立医学图书馆参考文献格式中，在著录参考文献时，将“止页码”中与“起页码”相同的部分略去。

示例：摘自*Nutrition*, 2009, 25:847–854

[1] Lakatta EG. Cardiovascular aging in health. Clin Geriatr Med, 2000, 16:419–44.

[2] Kass DA, Shapiro EP, Kawaguchi M, Capriotti AR, Scuteri A, Lakatta EG. Improved arterial compliance by a novel advanced glycation endproduct crosslink breaker. Circulation, 2001, 104:1464–70.

[3] Lakatta EG. Cardiovascular aging research: the next horizons. J Am Geriatr Soc, 1999, 47: 613–25.

[4] Meng Q, Wong YT, Chen J, Ruan R. Age-related changes in mitochondrial function and antioxidative enzyme activity in fischer 344 rats. Mech Ageing Dev, 2007, 128:286–92.

以上4篇文献的页码范围分别是“419–444”“1464–1470”“613–625”“286–292”。

3.4.5.6　参考文献中的著录符号

参考文献表中各著录项之间的符号是著录符号，其形式是标点符号，但含义不是标点符号，所以不要从标点符号的概念上去理解其用法。

① “.” ——每一条参考文献的结尾均用 “.” 号。此外，还用于责任者、其他责任者、析出文献其他责任者、题名项、析出文献题名项、其版本项等之后。

② “:” ——用于其他题名信息、出版者、引文页码、析出文献的页码、专利国别之前。

③ “,” ——用于出版年、期刊年卷期标志中的年或卷号、专利号、科技报告号之前。

④ “;” ——用于期刊后续的年卷期标志与页码以及同一责任者的合订题名之前。

⑤ “//” ——用于专著中析出文献的出处之前。

⑥ “( )” ——用于期刊年卷期标志中的期号、报纸的版页、电子文献更新或修改日期以及非公元纪年。

⑦ “[ ]” ——用于文献序号、文献类型标志、电子文献的引用日期以及自拟信息。

⑧ “–” ——用于起止序号和起止页码之间。

⑨ 著录符号的全角与半角：一般来说，为了美观和统一，不管是中文文献，还是英文文献，参考文献列表中著录符号一律用半角符号，“:”“,” 和 “.” 后面空一格（末尾符号除外）。

示例：

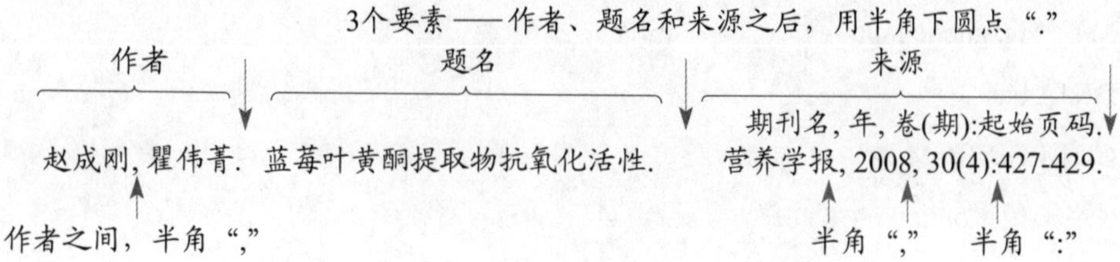

小贴士：可作变通处理的著录项目

（1）某一条参考文献的责任者（作者）不明时，文献列表中可省略此项，直接著录题名；采用著者—出版制的，在正文和文献表中均可著录“佚名”或“Anon”。

（2）无出版地时可著录为：[出版地不详]或[s.l.]。

（3）无出版者时可著录为：[出版者不详]或[s.n.]。

（4）出版年无法确定时，可以依次选用版权年、印刷年、估计的出版年著录。估计的出版年需置于方括号“[ ]”内。

（5）当文献中载有多个出版地或多个出版者时，只需著录第1个出版地或出版者。

（6）已列入出版单位选题、出版计划的未发表作品可分别在页码后注为“待发表”（英文为to

be published)，“排印中”（英文为in press)，“预印本”（英文为preprint）等。“待发表”“排印中”“预印本”等均要注于圆括号“(　)”内。

3.4.6 参考文献的类型代码

参考文献的类型代码参照《GB/T 3469—2013 信息资源的内容形式和媒体类型标识》。

常见的如下：

（1）以纸张为载体的参考文献类型，以单字母标识

① 专著、图书[M]（monograph）

② 会议录、论文集[C]（conference/corpus）

③ 汇编[G]（collection）

④ 期刊文章[J]（journal）

⑤ 学位论文[D]（dissertation/degree paper）

⑥ 专利[P]（patent）

⑦ 标准[S]（standard）

⑧ 技术报告[R]（report）

⑨ 报纸文章[N]（newspaper）

（2）非纸张型为载体的电子文献类型，用双字母标识

① 磁带[MT]（magnetic tape）

② 磁盘[DK]（disk）

③ 光盘[CD]（CD-ROM）

④ 联机网络[OL]（online）

⑤ 数据库[DB]（data base）

⑥ 计算机程序[CP]（computer program）

⑦ 电子公告[EB]（electron bulletin）

（3）电子文献及载体类型标志[文献类型标识/载体类型标识]

① 磁带数据库[DB/MT]（database on magnetic tape）

② 磁盘软件[CP/DK]（computer program on disk）

③ 光盘图书[M/CD]（monograph on CD-ROM）

④ 联机网上数据库[DB/OL]（database online）

⑤ 网上期刊[J/OL]（serial online）

⑥ 网页、网上电子公告[EB/OL]（electronic bulletin board online）

⑦ 网上会议录[C/OL]（conference online）

⑧ 网上报纸[N/OL]（newspaper online）

在此指出的是，以上的参考文献类型代码是中国自创的，国外期刊都没有这一规定。

对于学位论文，参考文献是否标注类型代码，取决于学位授予单位的规定；如果没有规定，则可以不标注。

对于期刊论文，如果投稿国内期刊，参考文献是否标注类型代码，取决于投稿期刊的要求；如果投稿国外期刊，则不需要标注。

提示：撰写科技论文的几个“最”

在科技论文前置部分和主体部分的各个结构要素中，最容易写的是“材料与方法”和“结果”。最难写的是“讨论”，其次是“导言”和“摘要”。

在审稿或答辩时，在内容上最容易被挑毛病的是“材料与方法”，在格式上最容易被挑毛病的是“参考文献”的著录和“结果”中的图表。

提示：撰写科技论文的小技巧

1. 论文素材的准备

课题研究的过程和论文写作的过程不是相互孤立的，作者可在实验的过程中，同步完成论文素材的整理工作，为论文撰写做好前期准备。

实验方法：在开展实验前，就应制定详尽的实验方案。在实验过程中，将实验方法与步骤实验进一步整理完善成书面材料。这些素材可直接用于论文的“材料与方法”中。

实验结果：在进行实验过程中，应随时记录数据，结束后立即进行统计处理，并制作相应的图和表。一方面可以防止因时间太久而产生错讹，另一方面这些素材可直接用于论文的“结果”中。

科研笔记：在课题研究过程中，对于有关数据、图表的解释和分析，每有见解，即做笔记；对于阅读的参考文献，有用之处，即做记录。将这些零星的材料累计起来，可以作为论文“讨论”部分的素材。

2. 论文撰写的顺序

撰写论文从“材料和方法”和“结果”部分开始，以“摘要”“文题”“作者”结束。

3. 参考文献的处理

如果采用顺序编码制引用参考文献，且没有使用EndNote等参考文献管理工具，那么在论文定稿前，不要急于将参考文献放到文后，否则凡是涉及参考文献的内容在删除、添加和移位修改后，所有参考文献的编号和顺序又要重新整理。

在未定稿时，可将文献置于正文中引用处。

示例：红细胞具有典型的生物体细胞膜结构，且是易得到的生物材料，所以被广泛应用于膜脂质过氧化的研究中【Stadtman E R, Oliver C N. Metal-catalyzed oxidation of proteins. Journal of Biological Chemistry, 1991, 266: 2005–2008.】。

待定稿后，一同按顺序编码并将参考文献置于文后。

■ 本章小结

学位论文和期刊论文的主体部分都有三个必不可少的结构要素，即引言、正文、参考文献。实验性研究或观测性研究论文正文的结构——introduction（引言）、method（方法）、results and discussion（结果和讨论），常简称为“IMRAD结构”。

1．引言

引言的作用是向作者简要介绍进行本项研究的背景、原因和目的，并导入研究课题。

写作引言有两个基本要求，即篇幅要求和内容要求。① 引言的篇幅，一般占全文总长1/10～1/5。② 引言的内容，包括简介背景和导入课题，可考虑从“有道理、有基础、有问题、有意义”4个方面撰写。

撰写引言的方法可根据课题研究的性质，以研究的对象加以展开，或以改进的方法加以展开，或以探讨的理论加以展开。

2．正文

实验性研究或观测性研究论文的正文，其结构要素一般包括：材料与方法、结果、讨论。有时也将其中的“结果”和“讨论”组合为“结果与讨论”或“结果与分析”。

正文：
- 材料和方法（materials and methods）——怎样做
- 结果（results）——做出了什么
- 讨论（discussion）——说明了什么
- 结论（conclusion）（如需要）

（1）材料与方法　材料与方法的作用是向读者表明所得出结果的可靠性和严谨性，并供后续研究者或科研界同行重复实验和验证结果。

在“材料”中，要列出可能会直接影响测试结果的重要的实验材料、试剂、仪器设备。要注意生物材料的拉丁文学名的格式规范。

在“方法”中，要描述可能直接影响测试结果的关键方法。要注意方法的选用、试剂溶液的单位、给药的途径和剂量等。

（2）结果　结果的作用主要是展现研究结果和提供讨论依据。

陈述结果有两个基本要求，即形式要求和内容要求。① 结果的表达形式包括文字、表格、插图。② 结果的表达内容包括对研究结果的罗列和对研究结果的表述。

陈述结果应注意数据的真实性、数据处理方法和表达方式，不加讨论，不引文献。

（3）讨论　讨论的作用主要是解释结果，升华主题。

撰写讨论有两个基本要求，即形式要求和内容要求。① 讨论的形式要合理分段，层次分明，每个段落要有主句，一般不使用图和表。② 讨论的内容包括分析本次结果、比较已有结果、突出创新成果、提出努力方向。

撰写讨论应注意，在分析本次结果时，要解释而不是复述本论文研究的结果，解释本论文研究的结果要恰如其分；在比较已有结果时，要正确地引用文献，合理地使用文献；在突出创新成果时，不要叙述众所周知的常识，不要故意回避重要参考文献。

（4）结论　结论的作用主要是便于读者快速了解全文结论，便于读者作笔记或卡片。

硕士和博士学位论文可以在每章后面写“本章小结”，期刊论文通常不需要单独写“结论”。

结论的内容与摘要没有根本性的差异。主要有两点区别：在形式上，结论可以分段，而期刊论文的摘要一般不分段；在内容上，结论可以写研究存在的不足之处、未予解决的问题和努力的方向，而摘要不可以。

3. 致谢

致谢的对象是对本研究直接提供过人力、财力（资金）、物力（设备）以及文献资料等帮助的团体和个人。

致谢的位置在学位论文中通常放在论文的最后，在期刊论文中通常置于正文之后、参考文献之前。

致谢的书写没有固定的格式。

4. 参考文献

（1）参考文献的作用主要是反映真实的科学依据、尊重他人的研究成果、指明引用的资料出处、为文献计量提供依据。

（2）参考文献的引用要注意两个基本要求，即选择合理，著录规范。

选择合理是指尽可能引用最新的文献、尽可能引用最主要的文献、必须引用正式发表的文献、适宜的参考文献的条数。

著录规范是指采用“顺序编码制”和“著者-出版年制”的规范著录。参考文献著录，要注意全篇论文的“4个全文统一”：选择采用“顺序编码制”还是“著者—出版年制”，全文要统一；作者的著录格式，全文要统一；文献题名的著录格式，全文要统一；文献来源的著录格式，全文要统一。

（3）顺序编码制是引文采用序号标注，参考文献列表按引文的序号排序的参考文献标注体系。所有的参考文献，按在正文中出现的先后顺序，用阿拉伯数字序号连续标注，并与文末参考文献列表的参考文献序号形成一一对应的关系。必须特别注意参考文献序号的标注位置、文后列表的规范细则，以及各类参考文献的著录格式。

（4）著者—出版年制是引文采用著者和出版年标注，参考文献列表按作者字顺和出版年排序的参考文献标注体系。在论文正文引用的参考文献处，标注参考文献“著者”和“出版年”，并与文末参考文献列表的参考文献“著者”和“出版年”形成一一对应的关系。在文后的列表不要给各篇文献编序号，文献的出版年写在作者之后、题名之前。

（5）“参考文献”的著录项目，包括作者姓名（即主要责任者或其他责任者）、书名及其版本、刊名、出版项（出版地和出版者）、出版年与卷号（期号）和著录符号等。必须注意每个项目的著录细则。

（6）各种参考文献的类型代码，根据GB 3469规定，以单字母方式标识，比较常见的几类如下：

参考文献类型	文献类型标志	参考文献类型	文献类型标志	参考文献类型	文献类型标志
普通图书	M	学位论文	D	报纸文章	N
会议论文	C	专利	P	网上数据库	DB/OL
汇编	G	标准	S	网页	EB/OL
期刊文章	J	技术报告	R	网上期刊	J/OL

CHAPTER 4

第4章 科技论文的规范表达

■ 学习目标

了解：科技论文中对标点符号、数字、量和单位、外文字符、图和表、数学式和化学式等的一般用法和容易误用之处。

掌握：科技论文中对标点符号、数字、量和单位、外文字符、图和表、数学式和化学式等表达错误的更正。

综合运用：学习国家标准《GB/T 15834—2011 标点符号用法》《GB/T 15835—2011 出版物上数字用法》《GB 3101—1993 有关量、单位和符号的一般原则》《GB 7713—1987 科学技术报告、学位论文和学术论文的编写格式》等，能够识别科技论文中标点符号、数字、量和单位、外文字符、图和表、数学式和化学式等的用法错误。

4.1 标点符号

科技论文中标点符号的用法，遵循国家标准GB/T 15834—2011《标点符号用法》，该标准对旧标准GB/T 15834—1995《标点符号用法》做了全面修改，要特别注意其变化。

在国家标准GB/T 15834—2011中，将标点符号分为以下16种：

- 标点符号
  - 点号（作用是点断）
    - 句内点号（4种）：逗号、顿号、分号、冒号
    - 句末点号（3种）：句号、问号、叹号
  - 标号（作用是标明）（9种）：引号、括号、破折号、省略号、着重号、连接号、间隔号、书名号、专名号

在科技论文中，有些标点符号运用相对较少，如问号、叹号、着重号、间隔符、专名号等；有些标点符号运用相对较多，如句号、顿号、分号、冒号、引号、括号、省略号、连接号、书名号等。

以下选择介绍一些在科技论文中运用较多的标点符号，且只介绍其容易误用之处。

4.1.1 中文标点符号的使用

4.1.1.1 句号

常见误用：

（1）一句话的意思表达结束了，就应该用句号断句。常见的错误是应该用句号的地方仍然用逗号，以致句子过长。

误用示例： 微胶囊技术，是指利用成膜材料将固体、液体或气体囊于其中，形成直径几十微米至上千微米的微小容器的技术，近年来该技术应用于食品工业……

更正： “近年来”之前应该用句号。

（2）在中文句子结束后，句号误用圆点句号“.”。这种情况通常出现在直接从caj格式或pdf格式拷贝来的文本中。

4.1.1.2 顿号

常见误用：

（1）相邻两数字连用表示概数时，两数字之间错误地加上了顿号。

误用示例： 在两、三天内，微生物大量繁殖；经过七、八天后，这种食物会完全变质。

更正： 概数的相邻两数字之间去掉顿号。

（2）标有引号的并列成分之间和标有书名号的并列成分之间，多余地加上了顿号。

误用示例1： 膳食补充剂著名的品牌有“Neocell”、“Nordic Naturals”、“Enada NADH”、“Kyolic”等。

更正： 按照GB/T 15834—2011规定，标有引号的并列成分之间不用顿号。

误用示例2：《红楼梦》、《三国演义》、《西游记》、《水浒传》是我国长篇小说的四大名著。

更正： 按照GB/T 15834—2011规定，标有书名号的并列成分之间不用顿号。

但是，如果有其他成分插在并列的引号之间或并列的书名号之间（如引语或书名号之后还有括注），宜用顿号。

示例： 时间的单位有“日”（d）、“小时”（h）、“分”（min）、“秒”（s）等，平面角的单位有“度”（°）、“分”（′）、“秒”（″）。

（3）并列阿拉伯数字和并列外文符号之间的停顿，错误地用了顿号。

误用示例： 长度为20、25、30、35 cm。

更正： 按照GB/T 15834—2011规定，并列阿拉伯数字和并列外文符号之间的停顿，用逗号而不用顿号，即改为“为20，25，30，35 cm”。

（4）顿号和“和”“及”“与”“或”的用法不当。

凡用顿号表示两项事物者，都可用“和”“及”等连词代替，但不要同时用顿号和连词。

在一连串并列词之间，可以一“顿”到底，也可以在最末一词之前用“和”“及”“与”等连词而不用顿号，但不可以将这些连词与顿号同时运用。

误用示例：必须熟悉色谱分析仪器、光谱分析仪器、电化学分析器、及提取分离设备的操作。

更正：在“电化学分析器、及提取分离设备的操作”中删去顿号，或删去“及”，或改用逗号。

4.1.1.3　分号

常见误用：

（1）句内没有逗号时，误用了分号。

误用示例：常用的定性分析方法有核磁共振谱法、质谱法和红外光谱法；定量分析方法有液相色谱法、气相色谱法和分光光度法。

更正：顿号、逗号、分号均表示句内停顿，但在停顿的性质上，顿号<逗号<分号。由于句内没有逗号，需将分号改用逗号。

（2）句内已用句号后，再误用分号。

误用示例：吃素至少有4大害处，一是缺少必要的胆固醇。适量的胆固醇具有抗癌作用；二是蛋白质摄入不足。这是引起消化道肿瘤的危险因素；三是核黄素摄入量不足。会导致维生素缺乏；四是严重缺锌。锌是保证机体免疫功能健全的一种十分重要的微量元素，一般蔬菜中都缺乏锌。

更正：由于句号是句末点号，分号是句内点号，因此这样的句子分号之内不得有句号，可以将每一个分句的第一个句号改为逗号，或者将分号改为句号。

（3）非并列关系的单句之间，误用了分号。

误用示例：B细胞还有另外抵御某些病毒初次入侵的方式，这可能不仅动摇现行的免疫理念；而且也可能开创一种病毒病的新疗法。

更正：这是一个存在递进关系的多重复句，因此“而且”前面的分号应改作逗号。

4.1.1.4　冒号

常见误用：

（1）冒号与“即”“也就是”一类的词语同时使用。

误用示例：血液中的白细胞有5种：即淋巴细胞、嗜碱粒细胞、中性粒细胞、单核细胞和嗜酸细胞。

更正：将此句中的冒号改作逗号，或者保留冒号去掉句中的“即”字。

（2）冒号误用在不需要停顿的地方。

误用示例：这台高效液相色谱仪的配置主要包括：1个四元泵、1个自动进样器和2个检测器。

更正：该句是一个单句，意思也不复杂，因此此句中的冒号可以去掉。

（3）在冒号之后再次用冒号。

为了避免结构混乱，造成歧义令人难以解读，一般不提倡使用双重冒号或者多重冒号。

误用示例：X射线检查：Ⅰ型：共5例；Ⅱ型：共1例。

（4）注意区分冒号“：”和数学符号的比号“:”，要正确使用，不能互相混用。

4.1.1.5　引号

常见误用：

（1）引号缺失或滥用　需要着重说明的词语，或具有特殊含义的词语，应加上引号。不需要强调或没有特殊含义的词语，不需要加引号。

误用示例：《食品安全法》之新不在于条目“更新”，而在于内容的“变化”。

更正：引号中的词语不需要强调，也没有特殊含义，去掉引号。

（2）引文末尾标点使用不当　如果是将引语完整独立地引用，那么为了保持引语的完整独立性，末尾的标点应该放在引号之内；如果只是将引语作为句子的一个片段引用，那么不加标点或将末尾的标点放在引号外面。

误用示例1：《GB/T 15834—2011标点符号用法》规定：“当引号中还需要使用引号时，外面一层用双引号，里面一层用单引号”。

更正：此处为整句引用，句末的句号应当放在引号内。

误用示例2：按文献中“取5 mL塑料注射器套管……即可判断为含玫瑰红B的可疑样品。”操作。

更正：后引号之前的句号应当去掉。

4.1.1.6　括号

表示注释性说明时一般用圆括号“（ ）”。

当其中又有注释性文字而要采用双重括号时，则外面用方括号“[ ]”，里面用圆括号“（ ）”。

在正文中注明参考文献序号或表示某物质浓度时可用方括号“[ ]”。

在数学公式中有多重运算时，可同时使用角括号“〈 〉”，花括号“{ }”，方括号“[ ]”，圆括号“（ ）”。

常见误用：

（1）句内括号与句外括号标注位置不当　如果括号里的内容只是注释句中某些词语，那么括号要紧贴在这些被注释的词语后，叫句内括号。如果括号里的内容是注释整个句子的，那么括号要放在句末的标点之后，叫句外括号。

误用示例：2014年全国冷饮销售季的销售量为356万吨（包括夏季和初秋季），实现销售额418亿元（预计2015年产销量突破380万吨）。

更正：第一个括号是“句内括号”，注释应放在“销售季”之后；后一个是“句外括号”，括号内的内容应放在句末句号之后。

（2）句内括号内标点的误用　句内括号的话语可用逗号、顿号或分号，但不能使用句号。

误用示例：室内实验（搅拌机转速500 r/m，搅拌10 min。）条件下配制的O/W乳状液液滴大小分布较窄，大小差别悬殊较小。

更正：括号内的句号应去掉。

4.1.1.7 省略号

（1）在中文论文中，中文文字之后一般用中位6点省略号（……）；但在科技书刊中已经约定俗成，在数字和英文字母后面一般用下位3点省略号（...）。

（2）省略号后不应再写“等”“*et al.*”。

（3）省略号的后面不需要再加句号。但如果省略号后面还有文字，为了表示这些文字跟省略号及省略号之前的文字关系较远，可以再省略号后面加上句末点号。

示例1：与“第一章”“第二章”……同层次。

示例2：如因实测数据使标值非规整如0.275，0.580，0.866...时，应使其规整化为0.3，0.6，0.9...

4.1.1.8 连接号

连接号有3种形式：半字线“–”、一字线“—”和浪纹线“~”。

（1）半字线“–”的用法

半字线“–”又称短横线或对开线，占1/2个汉字位置。

用于下列情况：

① 插图、表格、公式的编号。

示例：表2–8、图2–10、式（2–18）等。

② 化合物的名称。

示例：3–戊酮、1,4–丁二醇、β–胡萝卜素等。

③ 连接号码，包括门牌号码、电话号码，以及用阿拉伯数字表示年月日等。

示例：安宁里东路26号院3–2–11室、联系电话为010–88842603、收稿日期为2014–05–17等。

④ 产品的名称和型号。

示例：101A–2型干燥箱、ZM–6型锥面钢板等。

⑤ 在复合名词中起连接作用。

示例：中国–瑞典奶制品中心、铅–锌–镍合金等。

（2）一字线“—”的用法

一字线“—”占1个汉字位置。

用于下列情况：

① 标示时间或地域等相关项目的起止（有时也可用浪纹线代替）。

示例：沈括（1031—1095）、北京—上海特别旅客快车等。

（注：一字线还可以用于表示数值范围的起止，但由于容易与数学符号“–”相混，因此在科技论文中不建议使用，而使用浪纹线“~”。）

② 标准代号之间应当使用一字线（有时也可用半字线代替）。

示例：GB 14880—2012 食品安全国家标准 食品营养强化剂使用标准。

（注：在GB/T 15834—2011中，并没有明确规定标准代号之间应当使用一字线，但有些出版社和期刊的作者须知中要求使用。）

③ 标示化学键。

示例：$H_3C—CH_2Cl$。

（3）浪纹线“～”的用法

浪纹线“～”占1个汉字位置。

用于下列情况：

① 标示数值范围（由阿拉伯数字或汉字数字构成）的起止。

示例：25～30 g、60%～75%等。

（注：在参考文献中的页码范围，为了中英文文献统一，使用著录符号“–”。）

② 在化学式中，标示高能键。

示例：腺苷三磷酸中的高能磷酸键（A—P~P~P）、乙酰辅酶A中的高能硫酯键（CH_3CO~SCoA）等。

4.1.1.9　书名号

书名号用于标示书名、刊物名、报纸名、篇名、文件名等，或标示电影、电视、音乐、诗歌、雕塑等各类用文字、声音、图像表现的作品名称及简称。

不能视为作品的课程、课题、证照、奖品奖状、商标、组织机构、会议、活动等名称，不应用书名号。（如果确实需要对这些名称特别强调，有的可加上引号。）

误用示例：

《食品营养学》考试改革的几点尝试。（更正：课程名称不宜用书名号。）

《实验室教学与改革》课题获得立项资助。（更正：课题名称不宜用书名号。）

毕业生将获得《毕业证》和《学位证》。（更正：证照名称不宜用书名号。）

《青岛》牌啤酒享誉中外。（更正：商标名称不宜用书名号。）

北京将召开《全国食用天然色素应用研讨会》。（更正：会议名称不宜用书名号。）

将于今年秋季举行《可乐杯》食品安全知识大赛。（更正：活动名称不宜用书名号。）

4.1.1.10　间隔号（·）和圆点号（.）

（1）间隔号（·）主要用于如下几个方面：

① 当外国人的名和姓均译成中文时，在名与姓之间的居中位置加圆点号，如亚当·斯密。

② 书名与篇（章、卷）名之间的分界，用间隔号标示，如《中国大百科全书·化学》。

③ 某些并列性标题特别是副标题，如环境·生活·健康。

④ 当用月日简称表示事件或节日时，如涉及一月、十一月、十二月，应在月和日之间使用间隔号，如“一二·九”运动。

（2）圆点号（.）用于外文缩写字后面时，圆点为下角，如B. 沃尔默特。

4.1.2 英文标点符号的使用

英文的标点符号，与中文的标点符号存在一定的差异。这就要求在撰写中文科技论文的英文部分（包括英文摘要、英文图表等）或撰写英文科技论文时，必须采用英文标点符号的习惯用法。

主要表现：

（1）英文标点符号中无中文的圆圈句号“。”。英文中的句号要用圆点句号“.”。

（2）英文标点符号中无中文的顿号“、”。英文中的字词、阿拉伯数字、百分号等并列时，仍需使用逗号。

（3）英文标点符号中无中文的书名号“《》”。英文中作品名称可用斜体、首字母大写或全部大写等表达方式。

示例：在英文中把刊名Cancer写成《Cancer》是错误的，加上引号写成“Cancer”也不妥，因为书刊名称用引号标注的用法在现代英语里已很少见。恰当的写法应该是用斜体*Cancer*表示。

（4）英文标点符号中无中文的浪纹线“～”。英文中连接数字表示起止范围，用英文连接号en dash“–”，相当于中文里的“～”。

（5）英文标点符号中的分号。英语标点中有分号，但现在很少用。中文在分项列举的各项之间常用分号，而英文则常用逗号。

（6）英文标点符号中的省略号。中文省略号是中位6点（……），而英文省略号是下位3点（...）。

（7）英文标点符号中的连接号。中文连接号有占半格（-）和占一格（—）两种形式，而英文连接号占半格（-）。

（8）英文标点符号中的破折号。中文破折号占2格（——），而英文破折号占1格（—）。在汉语表达中，文章主题名与副题名的连接多用破折号，而在英语表达中多用冒号。

4.2 数字

科技论文中数字的用法，遵循国家标准《GB/T 15835—2011 出版物上数字用法》。

科技论文通常涉及数字较多，且易误用。现将科技论文中数字的选择和书写方法，介绍如下。

4.2.1 数字形式的选择

4.2.1.1 选用阿拉伯数字

（1）用于计量的数字　在科技论文中，用于计量的数字，除1～9在特殊情况下可用汉字数字外，一般应选用阿拉伯数字。

① 在使用数字进行计量的场合，为达到醒目、易于辨识的效果，应采用阿拉伯数字。

示例： −125.03，34.05%，63% ~68%，1 ∶500，97/108

② 当数值伴随有计量单位时，如长度、容积、面积、体积、质量、温度、音量、频率等的单位，特别是当计量单位以字母表达时，应采用阿拉伯数字。

示例： 523.56 km（523.56千米）、346.87 L（346.87升）、5.34 m^2（5.34平方米）、567 mm^3（567立方毫米）、605 g（605克）、100 ~ 150 kg（100 ~ 150千克）、34 ~ 39℃（34 ~ 39摄氏度）、120 dB（120分贝）

（2）用于编号的数字　在使用数字进行编号的场合，为达到醒目、易于辨识的效果，应采用阿拉伯数字。

示例：

电话号码：98888

邮政编码：100871

通信地址：北京市海淀区复兴路11号

公文编号：国办发[1987]9号

图书编号：ISBN 978–7–80184–224–4

刊物编号：CN11–1399

章节编号：4.1.2

产品型号：HP-3000型计算机

（3）用于时间的数字　公元后的世纪、年代、年、月、日、时、分、秒，均应采用阿拉伯数字。

年份必须写全，如2005年，不可写成“05年”。

年代应尽量与世纪同写，以避免年代混淆，如“20世纪80年代”“21世纪20年代”等。特别注意在叙述20世纪的年代时，不要只写年代不写世纪。

（详见下文“4.2.2.1 阿拉伯数字的书写”。）

（4）已定型的含阿拉伯数字的词语　现代社会生活中出现的事物、现象、事件，如果其名称的书写形式中包含阿拉伯数字，而且已经广泛使用并稳定下来，则应采用阿拉伯数字。

示例： 3G手机、MP3播放器、维生素B_{12}、97号汽油、“315”消费者权益日

4.2.1.2　选用汉字数字

（1）非公历纪年及月日　干支纪年、农历月日、历史朝代纪年及其他传统上采用汉字形式的非公历纪年等，应采用汉字数字。

示例： 丙寅年十月十五日、清咸丰十年九月二十日、八月十五中秋节、腊月二十三

（2）已定型的含汉字数字的词语　汉语中长期使用已经稳定下来的包含汉字数字形式的词语，应采用汉字数字。

示例： 二倍体、三烯酸、四氧化三铁、十二指肠、“十三五”规划、华东六省一市、五四运动

（3）概数　数字连用表示的概数、含“几”的概数，应采用汉字数字。

示例：

一两千米、三四个月、一二十个、四百五六十万元、五六十年前、十之八九、十几、几千、二十几、一百几十、三千几百万、几万分之一

4.2.1.3　选用阿拉伯数字与汉字数字均可

（1）数字个数不多时　如果表达计量或编号所需要用到的数字个数不多，选择汉字数字或是阿拉伯数字在书写的简洁性和辨识的清晰性两方面没有明显差异时，两种形式均可使用。

在这种情况下，在科技论文中通常首选阿拉伯数字，在新闻、公文等文体中可选用汉字数字。

示例：

3倍（三倍）、1/3（三分之一）、4个月（四个月）、12天（十二天）、76岁（七十六岁）、120周年（一百二十周年）、40左右（四十左右）、50上下（五十上下）、50多人（五十多人）、100多件（一百多件）、20余次（二十余次）、约300人（约三百人）、20世纪80年代（二十世纪八十年代）、下午4点40分（下午四点四十分）、以下3个方面（以下三个方面）、3天为1个疗程（三天为一个疗程）

（2）作为序号时　使用阿拉伯数字或汉字数字均可。对于数字在10以内的序号，用汉字与用阿拉伯数字看不出明显差别。但序号较大时，用阿拉伯数字就显得直观和简洁。

示例：第1章（第一章）、第2天（第二天）、第3排（第三排）、第25页（第二十五页）、第5个工作日（第五个工作日）、第23天（第二十三天）。

（3）表达效果不同时　如果要突出简洁醒目的表达效果，应使用阿拉伯数字；如果要突出庄重典雅的表达效果，应使用汉字数字。

示例1：北京时间2008年5月12日14时28分。

示例2：十一届全国人大一次会议（不写为“11届全国人大1次会议”）。

（4）表达功能不同时　在同一场合出现的数字，应遵循“同类别同形式”的原则来选择数字的书写形式。如果两数字的表达功能类别相同（例如都是表达年月日时间的数字），或者两数字在上下文中所处的层级相同（例如文章目录中同级标题的编号），应选用相同的形式。反之，如果两数字的表达功能不同或所处层级不同，可以选用不同的形式。

示例1：二〇〇八年八月八日（不写为“二〇〇八年8月8日”）。

示例2：第一章、第二章……第十二章（不写为“第一章”“第二章”……“第12章”，但是“第二章”的下一级标题可以用阿拉伯数字编号：2.1，2.2，……）。

（5）“两”“二”“2”的选用　这3个数字不仅用法不同，还存在一个读与写的问题。

① 在“两”与“二”的选择上，一般原则是“怎么读，怎么写”。

在一般的量词前，习惯上用“两”不用“二”，如“两个半月”“两支试管”。

读数目字只用“二”不用“两”，如“一、二、三”“二十二”。小数和分数只用“二”不用“两”，如“三分之二”。

在“百、千、万、亿”之前使用“两”和“二”均可，但“二”为多；若同时使用，习惯上应“两”前“二”后，如“两千二百万”不能说成“二千两百万”。

表示概数时，究竟用“两”还是“二”，须看是否得体。如“一两千米”“二十二三岁”。

② 在用“2”代替“两”和“二”的写法上，上述情形除了表示概数外，“两”和“二”都可以用“2”代替。特别是计量单位或非物理量的量词前面的数字，都应该使用“2”，如“2 m”“2条直线”“第2版”等。

提示：数字形式的选择

在旧标准《GB/T 15835—1995 出版物上数字用法的规定》中，对于阿拉伯数字和汉字数字两者的选用，明显倾向于使用阿拉伯数字，修订后的标准GB/T 15835—2011不再强调这种倾向性。

在科技论文中，我们建议仍然沿用旧标准GB/T 15835—1995的要求：“凡是可以使用阿拉伯数字而且又很得体的地方，特别是当所表示的数目比较准确时，均应使用阿拉伯数字。”

但对于科技论文以外的文体，则另当别论。试想如果将李白的诗句“飞流直下三千尺，疑是银河落九天”写为“飞流直下3000尺，疑是银河落9天”，诗味如何？

4.2.2 数字形式的书写

4.2.2.1 阿拉伯数字的书写

（1）年月日

① 年月日的表达顺序，应按照口语中年月日的自然顺序书写。

示例：2008年8月8日、1997年7月1日

② 年月日的书写方式，可用半字线“–”替代，但年月日不完整时不能替代。

示例：2008–8–8、1997–7–1、8月8日（不写为8–8）、2008年8月（不写为2008–8）

③ 四位数字表示的年份不应简写为两位数字。

示例：“1990年”不写为“90年”，“2014年”不写为“14年”。

④ 月和日是一位数时，可在数字前补“0”。

示例：2008–08–08、1997–07–01

（2）时分秒

① 时分秒的表达顺序，应按照口语中时、分、秒的自然顺序书写。

示例：15时40分、14时12分36秒

② 时分秒的书写方式，也可用“:”替代。

示例：15:40、14:12:36

③ 计时方式既可采用24小时制，也可采用12小时制。

示例：11时40分（或上午11时40分）、21时12分36秒（或晚上9时12分36秒）

④ 时间范围

示例：从1985年4月12日23时20分50秒起至1985年6月25日10时30分止，写作1985–04–12 T23:20:50/1985–06–25 T10:30:00；从1985年4月12日起至1985年6月15日止，写作1985–04–12/06–15。

（3）含有月日的专名　含有月日的专名采用阿拉伯数字表示时，应采用间隔号“·”将月、日分开，并在数字前后加引号。

示例：“3·15”消费者权益日

（4）数值范围（量值范围）　在表示数值范围时，附加符号或计量单位的省略原则是：前后两个数值的附加符号或计量单位相同时，在不造成歧义的情况下，前一个数值的附加符号或计量单位可省略；如果省略数值的附加符号或计量单位会造成歧义，则不应省略。具体如下：

① 后面接计量单位的数值范围（具有相同计量单位），前一个数值的计量单位可省略。

示例：17～20℃、50～60 mg、10～15 mol/L、10～23 μg、115～316 mA、400～429页。

② 后面接数字的数值范围，前一个数值的附加符号不应省略。

万（10^4）、亿（10^8）等是我国习惯用的数词，仍可使用，但不是词头。书写用“万”或“亿”表示的数值范围时，每一个数值中的“万”或“亿”均不能省略。

示例：

5万～10万（不能写成5～10万）；

13万元～17万元（不写为13～17万元）；

9亿～16亿（不能写为9～16亿）。

③ 书写具有相同幂次的数值范围，每一个数值的幂都不应省略。

示例：

$3\times10^3\sim5\times10^3$[不能写成$3\sim5\times10^3$，但可写成$(3\sim5)\times10^3$]；

$4.3\times10^6\sim5.7\times10^6$（不能写为$4.3\sim5.7\times10^6$）。

④ 书写百分数范围时，每一个百分号都不能省略。

示例：

15%～30%（不能写为15～30%）；

30%±5%[不能写成30±5%，但可写作（30±5）%]。

数值范围前后不能加上“约”“近”“大概”“左右”“上下”等表示概数的词，如“0.7%～20%左右”“约0.7%～20%”“约50 mg/d左右”等表达方式，既重复又矛盾。

在中文论文中，数值的范围号采用浪纹号“～”，使用半字线、二字线做范围号都是错误的。一字线尽管可以使用，但不提倡使用。

（5）数值相乘（量值相乘）：附带长度单位的数值相乘，当表示面积和体积的时，长度单位符号不得省略，否则容易被误认为是长度的倍数。

示例：

30 mm × 40 mm不应写作30 × 40 mm，也不能写作30 × 40 mm^2；

40 cm × 50 cm × 60 cm不能写作40 × 50 × 60cm，也不能写作40 × 50 × 60 cm^3。

（6）数值并列　一组计量单位相同的数值并列书写时，可以只在最末一个数值后写出单位。

示例："0.71 kg，0.92 kg，1.15 kg"可以写成"0.71，0.92，1.15 kg"。

（并列的各数值阿拉伯数字之间或并列的外文字符之间的点号，用逗号","，而不用顿号"、"。）

（7）数值公差　参量与其公差的单位相同时，可以将两者放在括号内只写共同单位。

示例：15.2 mm ± 0.2 mm可以写作(15.2 ± 0.2)mm，但不得写作15.2 ± 0.2 mm。

表示带百分数公差的中心值时，百分号只需写1次，且"%"前的中心值与公差应用圆括号括起。

示例："（40 ± 2）%"不得写成"40 ± 2%"或"40% ± 2%"。

（8）有效数字　有效数字的位数是由实验方法与仪器的准确度所决定的。对于同一实验条件下测量的数据，有效数字的位数应该是相同的。有些作者将最后位上的"0"随意去掉，不符合数据的规范化表达要求。

任何一个数字只允许最后一位有误差，前面的位数不应有误差。最后1位数是误差为 ± 1的不定值，因此不能对数字随意添加或减去"0"。

示例：将0.518 g写成0.5180 g，则实验的绝对误差将由 ± 0.001变成为 ± 0.0001，相对误差将由 ± 0.2%（± 0.001/0.518）变为 ± 0.02%（± 0.0001/0.5180），实验数据的准确度被改变了。

对于一组数据中的均数 ± 标准差，应该考虑到个体差异，通常使用标准差的1/3来确定有效数字的位数。

示例1：数据（4240.5 ± 420.8）g，标准差的1/3超过了100 g，故平均数波动在百位数，应写成（4.2 ± 0.4）kg，过多的位数并无意义。

示例2：数据8.4 ± 0.27，标准差的1/3＝0.09，达小数点后第2位，故均数也应写到小数点后第2位，即8.40 ± 0.27。

（9）数值修约　数值的修约规则是指在保留小数点后的位数时如何取舍。

过去一直采用的"四舍五入"的方法，现在应执行国家标准《GB/T 8170—2008 数值修约规则》。其规则为"四舍六入五凑双"："四舍"，当尾数小于或等于4时直接将尾数舍去舍去；"六入"，当尾数大于或等于6时，将尾数舍去并向前一位入1；"五凑双"，当尾数恰好为5，而5后无数或均为0时，5的前一位为奇数则舍5入1，5的前一位为偶数（含数字"0"）则舍5不进。当5后有数，舍5入1。要注意一次性修约到指定的位数，不可以进行数次修约，否则得到的结果也有可能是错误的。

示例：

数的修约规则

口诀	示例		
	已知数	修约数（设保留1位小数）	解释
4舍6入5考虑	6.7418	6.7	“4”小于等于4，舍去
	6.7618	6.8	“6”大于等于6，入1
5后有数就进一	6.7508	6.8	“5”后有08
5后全零看奇偶			
5前奇数要进一	6.7500	6.8	“5”后为00，前奇数7
5前偶数应舍去	6.6500	6.6	“5”后为00，前为偶数6
	6.0500	6.0	“5”后为00，前为偶数0
无论舍去多少位均应一次修完毕	6.74546	6.7	不是6.7455→6.746→6.75→6.8

（10）数值的增加和减少

表示数值的增加时，可用百分数、分数或倍数。如增加了20%，即原数为100%，现数（100%+20%）为原数的120%；增加了1倍，即以原数为1，现数为原数的2倍（1+1）；增加到5倍，即以原数为1，现数为原数的5倍。

表示数值的减少时，只能用百分数或分数，不能用倍数。如减少了20%，即原数为100%，现数（100%-20%）为80%；减少到60%，即原数为100%，现数（100%-40%）为60%；减少了1/5，即原数为1，现数（1-1/5）为4/5。“减少了5倍”或“降低了3倍”的说法是错误的。

4.2.2.2　汉字数字的书写

（1）概数　两个汉字数字连用表示概数时，两数之间不用顿号“、”隔开。

示例：二三米、一两个小时、三五天、一二十个、四十五六岁

“约”“近”“左右”“上下”等词不能并用，“最大”和“最小”等不应与概数连用。

（2）年份　年份简写后的数字可能误解为概数时，一般不简写。

示例：“一九七八年”不写为“七八年”

（3）含有月日的专名　含有月日的专名采用汉字数字表示时，如果涉及一月、十一月、十二月，应用间隔号“·”将表示月和日的数字隔开，涉及其他月份时，不用间隔号。

示例：“一·二八”事变、“一二·九”运动、五一国际劳动节

（4）“零”和“〇”　阿拉伯数字“0”有“零”和“〇”两种汉字书写形式。一个数字用作计量时，其中“0”的汉字书写形式为“零”；用作编号时，“0”的汉字书写形式为“〇”。

示例：

“3052（个）”的汉字数字形式为“三千零五十二”，不写为“三千〇五十二”；

“95.06”的汉字数字形式为“九十五点零六”，不写为“九十五点〇六”；

“公元2012（年）”的汉字数字形式为“二〇一二”，不写为“二零一二”。

4.2.2.3 阿拉伯数字与汉字数字同时使用

（1）“万”“亿”是我国习惯用的数词，当一个数值很大时，数值中的“万”“亿”单位可以采用汉字数字，其余部分采用阿拉伯数字。

示例1：3578000，可写357.8万。

示例2：我国1982年人口普查人数为10亿零817万5288人。

（2）除“万”“亿”及SI词头中文符号外，不能将其他汉字数字（十、百、千、十万、十亿等）与阿拉伯数字连用。

示例：

108可以写作“一百零八”，但不应写作“1百零8”或“一百08”；

5000可以写作“五千”，但不应写作“5千”；

12.15亿可以写作“十二亿一千五百万”，但不应写作“12亿1千5百万”。

（3）当百、千、兆等为法定单位词头时，可以与阿拉伯数字连用。

示例：“5000元”不能写作“5千元”，“元”是不允许加词头的，“千”是数词，它不能与阿拉伯数字连用。但“5000克”“5000米”可以写作“5千克”“5千米”，这里的“千”是词头“k”的中文符号。

4.3 量和单位

科技论文中的量与单位，遵循国家标准GB 3100—1993《国际单位制及其应用》，GB 3101—1993《有关量、单位和符号的一般原则》及其相关标准GB 3101.1—1993至GB 3101.13—1993《量和单位》。

量是“物理量”（physical quantity）的简称，是指物理学中所描述的现象、物体或物质可定性区别和定量确定的属性，如长度、质量、时间等。对量的描述需要同时用数值和单位来表达，否则没有任何物理意义。

单位是“计量单位”（units of measurement）的简称，是各种物理量的量度单位，并以选定的物质在规定条件下显示的数量作为基本量度单位的标准。

物理量、数值和单位之间的关系：

$$m = 15\ \mathrm{kg}$$

$$\nearrow\quad\uparrow\quad\nwarrow$$

量符号　数值　单位符号

4.3.1 量

4.3.1.1 量的种类

量可分为基本量和导出量。

（1）基本量　在量制中几个相互独立的物理量。例如，在力学中一般取长度、质量和时间作为基本量。

在国际单位（system international, SI）制中共有7个基本量：长度（*l*或*L*）、质量（*m*）、时间（*t*）、热力学温度（*T*）、电流（*I*）、发光强度（*I*）和物质的量（*n*）。

（2）导出量　根据7个基本量来定义的物理量，或通过乘、除、微分或积分等数学运算导出的物理量。

在国家标准GB 3102.1 ~ 13—1993中，共列出了各学科614个物理量的名称。

4.3.1.2　量的名称

使用量的名称要注意以下问题：

（1）不应使用已废弃的量名称　避免使用废弃的量名称，如比重（应为“密度”）、重量（应为“质量”）、原子量（应为“相对原子质量”）、分子量（应为“相对分子质量”）、摩尔数（应为“物质的量”）、摩尔浓度（应为“物质的量浓度”或“浓度”）、质量百分比浓度（应为“质量分数”）等已废弃的量名称。

（2）不得使用自造的量名称　自造的量名称最常见的是在某一单位名称后加个“数”字，即写成“单位＋数”。例如，时间叫“秒数”，长度或高度叫“米数”，质量用“吨数”，物质的量叫“摩尔数”，功率叫“瓦数”（如说“这只灯泡的瓦数为60瓦”）等，这类做法是错误的。

科技论文中常涉及到[光谱]光密度（optical density, OD），又称为吸光度（absorbence, A）。许多作者或期刊误将其英文缩写OD, OD值或A作为量符号，并用斜体表示。在国家标准中，规定光密度的量符号是$D(\lambda)$，且为单位是1的量（量纲为1的量）。

示例：“*OD*值=1.011”的正确表示方法用文字表述为“波长490nm的[光谱]光密度为1.011”或式子表示为“$D(490\ \mathrm{nm}) = 1.011$”。（OD或A仅仅是用缩写形式来表示全称，但不能作为量符号。）

4.3.1.3　量的名称——正确使用“浓度”与“含量”的概念

在量的名称中，“浓度”与“含量”的概念很容易被误用。

（1）浓度　某物质B的物质的量浓度，表示B的物质的量除以混合物的体积。量符号用“c_B”表示，单位为“mol/L”或“mol/m^3”。

过去惯用的“摩尔浓度”“体积克分子浓度”等名称，一律改为“物质的量浓度”。

示例：“H_3PO_4的摩尔浓度为0.06 M”，正确表达用文字表述为“H_3PO_4的量浓度为0.06 mol/L”，或用式子表示为“$c\ (H_3PO_4) = 0.06\ mol/L$”或“$c\ (H_3PO_4) = 0.06\ mol/dm^3$”。

国家标准规定，“浓度”一词特定地指“物质的量浓度”（简称浓度）。其他含“浓度”一词的量名称，皆不能简称为“浓度”，而应使用全称。如把“质量浓度”“质量分数”“体积分数”等统称为“浓度”，都是错误的。

凡是溶质的相对分子质量已经明确的，应尽可能换成物质的量浓度。世界卫生组织建议，在医药学上，凡是已知相对分子质量的物质在人体内的含量，都应当用物质的量浓度单位来表示。

（2）质量浓度　某物质B的质量浓度，表示B的质量除以混合物的体积。量符号用“ρ_B”表示，单位为“kg/L”“mg/mL”或“kg/m^3”。

过去惯用的“%（W/V）”“ppm”，一律改为“质量浓度”。

示例：“NaCl浓度为15%（W/V）”，正确表达用文字表述为“NaCl的质量浓度为150 g/L”，或用式子表示为“ρ（NaCl）=150 g/L”。

不知道溶质的相对分子质量的，可换算成“质量浓度”。

在医药学上，世界卫生组织建议，人体体液中少数相对分子质量还未精确测得的（如某些蛋白质），可以用质量浓度表示。

示例：“蛋白质的浓度为5%”，正确表达为“蛋白质的质量浓度为50g/L”。

（3）质量分数　某物质B的质量分数，表示B的质量与混合物的质量之比。量符号用“w_B”表示。

过去惯用的“重量百分比浓度”“质量百分比浓度”“质量百分含量”“重量分数”等名称，一律改为“质量分数”。

以前曾经使用的“%（W/W）”“%（m/m）”“ppm”“ppb”的标准单位符号为1，而不是计量单位符号，必须停止使用。

示例1：“20%的HCl”，正确表达用文字表示为“质量分数为20%的HCl”，或用式子表示为“w（HCl）=20%”。

示例2：“机体某种组织中水的含量为5%”，正确表达为“机体某组织中水的质量分数为5%”。

（4）体积分数　某物质B的体积分数，表示B的体积和混合物的体积之比。量符号用“φ_B”表示。

过去惯用的“体积百分比浓度”“体积百分含量”等名称，一律改为“体积分数”。

以前曾经使用的“%（V/V）”“‰（V/V）”“ppm”“ppb”的标准单位符号为1，而不是计量单位符号，必须停止使用。

示例1：“乙醇的浓度为95%”，规范表达为“乙醇的体积分数为95%”。

示例2：“培养箱中CO_2浓度为5%”，正确表达为“培养箱中CO_2的体积分数为5%”。

示例3：“CO_2的体积分数为1.5 ppm”，正确表达用文字表示为“CO_2的体积分数为1.5×10^{-6}”，或用式子表示为“φ（CO_2）=1.5×10^{-6}”。

（5）含量　国家标准规定，“含量”不是一个物理量，计量时完全不能使用，“%”也不是计量单位。因此，在科技论文中，“某物质的含量为××%”，这样使用的“含量”在概念上是不正确的，应该如前所述表述为“质量浓度”“质量分数”或“体积分数”。

但是，如果定性地描述溶液或混合物中某组分的多少，或者是在一般性文字叙述中，可以按汉语词意较笼统地使用“含量”或“浓度”。例如“钙和磷是人体内含量最多的无机盐”等。

综上所述，“浓度”一词不要滥用，“含量”一词要慎用。对物质的量浓度（简称浓度，c_B）、质量浓度（ρ_B）、质量分数（w_B）、体积分数（φ_B）几个量的概念必须分清。“浓度”只有作为“物质的量浓度”的简称才能使用。如果定量地表达溶液或混合物中某组分的多少量，则一定要明确地区分为“××浓度”“××分数”和“××比”。

示例：“试剂的终浓度为5 mg/L”，应正确地写为“试剂的终质量浓度为5 mg/L”。

4.3.1.4 量的符号

在国家标准《量和单位》中，对每个基本量都给出了1个或1个以上的符号，这些符号就是标准化的量符号。量的中文符号只在通俗出版物中才可以使用。在科技论文中，尤其是在数理公式中，必须采用量的国际符号。

使用量的符号应注意：

（1）量的符号通常是单个的拉丁字母或希腊字母，有时带有下标或其他的说明性标记。

（2）量的符号大小写，需要视具体情况而定。

示例：小写的量符号，如l（长度）、m（质量）、t（时间）、ρ（相对密度）、v（速度）、a（加速度）、p（压力）、n（物质的量）、c（物质的量浓度，浓度）、ρ（质量浓度）、w（质量分数）、φ（体积分数）等。大写的量符号，如A（面积）、V（体积）、T（热力学温度）、I（电流）、P（功率）等。

（注：有些量的符号及其大小写，在不同文献中比较混乱，存在一个量多个符号或一个符号表示多个量的情况。在引用不同的参考文献时，要注意鉴别，并在同一篇论文中全文统一。）

（3）量的符号都必须用斜体字母（只有pH例外）。

（4）正确使用量符号下角标的大小写和正斜体。

在某些情况下，如果同一个符号要表示不同的量，或是同一个量要表示不同的值，可以在量的符号上附加各种辅助性记号予以区分。辅助记号以右下标为多。

示例：体液中NO浓度可写成c_{NO}；白细胞计数可写成n_{WBC}，如果要区别是血中的白细胞计数还是尿中的白细胞计数，还应加以进一步限定，如n_{BWBC}和n_{UWBC}等。

下角标符号的正斜体：下角标符号如果是量符号，或变动性的数字，或坐标轴的字母，应采用斜体，其他情况一般用正体。

下角标符号的大小写：量符号和单位符号等作下角标，大小写同原符号。源于人名的缩写作下标一般用大写。

（注：有时要表示同一个量的不同值，不用下角标，而用括号表示，如φ（酒精）=38%，D（490nm）= 1.011。）

（5）不能把某化学元素符号或分子式当作量符号使用，用来表示比率式“：”或比率“%”名称。

示例1：“秸秆经氨水预处理，碳质量分数增至42.1%，氮质量分数增至0.98%，C/N=43。添加不同量的尿素促进发酵产气，当尿素添加质量为所用秸秆质量的4%时，C/N=15。”本例中的“C/N=43”和“C/N=15”，均意指两种元素的质量比，故应分别改为“m（C）/m（N）=43”和“m（C）/m（N）= 15”。

示例2：“CO_2 : O_2=1 : 5”是不规范的表达方式，其含义也不清楚。该式的规范表达如下：

如果指质量比，则表示为m（CO_2）：m（O_2）=1 : 5；

如果指体积比，则表示为V（CO_2）：V（O_2）=1 : 5；

如果指物质的量比，则表示为n（CO_2）：n（O_2）=1 : 5。

示例3：“MnO_2%=58.4%”是不正确的，这里指的是质量分数，所以规范的表示为“w（MnO_2）=58.4%”。

示例4:“正丁醇-醋酸-水（4∶5∶1）的上层液为展开剂”的描述是不规范的，规范的表达应注明是质量比、体积比还是物质的量比，可改为“正丁醇-醋酸-水（其体积比为4∶5∶1）的上层液为展开剂”。

（6）量的符号后不附加圆点（正常语法句子结尾标点符号除外）。

4.3.2 单位

4.3.2.1　单位的种类

- 国际单位制（SI）
  - SI单位
    - SI基本单位（共7个）
    - SI导出单位
      - 具有专门名称的SI导出单位（共21个）
      - 组合形式的SI导出单位
  - SI单位的倍数单位

SI基本单位，国际单位制以时间、长度、质量、温度、电流、发光强度、物质的量这7个物理量的单位为基础，其单位名称分别为秒、米、千克、开［尔文］、安［培］、坎［德拉］、摩［尔］（方括号中的字，在不致引起混淆、误解的情况下，可以省略）。这7个单位称为SI基本单位。

SI导出单位，是借助乘、除符号，通过代数式用基本单位表示的单位，如速度（m/s）。

SI单位的倍数单位，是由SI词头与以上单位构成的倍数单位，如千克（kg）。

4.3.2.2　单位的名称

单位的名称有全称和简称，可用于叙述性文字，也用于口语。

注意：

（1）“公斤”“公里”仅限于一般口头和文字叙述中，在科技论文中应使用法定计量单位名称和符号，即千克（kg）、千米（km）。

（2）“英里”“英尺”“英寸”“码”“磅”“加仑”等英制及其他杂制单位，多见于所引用的外文文献中，以及翻译的外文资料或书籍中。这些非法定计量单位，在科技论文中均应换算成国家标准规定的法定计量单位。

小贴士：已废除的单位符号或名称

在科技论文中，有许多涉及反应条件及仪器参数的量，容易被误用。列举部分如下：

已废除的单位符号和（或）名称	正确的单位符号和（或）名称
in，英寸	cm，厘米
mμm，毫微米	nm，纳米
1b，磅	kg，千克
米立方，米三次方	m^3（体积单位），立方米
cc，西西	mL，毫升
atm，大气压	Pa，帕（斯卡）
克立升	g/L，克每升
M或N	mol/L，摩[尔]每升
多少度，摄氏多少度	℃，摄氏度
°K，开氏度，或绝对温度K	K，开［尔文］

4.3.2.3 单位的符号

单位的符号既有用外文字符表示的国际符号，也有中文符号。单位的中文符号只有在中小学教科书和通俗出版物中才可以使用，如天、小时、分钟、秒、米、厘米等。在科技书刊中，表达量值时一律使用单位的国际符号，而不采用单位的中文符号，如“5 mg/天”应改为“5 mg/d”，“30毫升/天”应改为“30 mL/d”。

使用单位符号应注意：

（1）单位的国际符号用拉丁字母或希腊字母表示。

（2）单位符号的大小写，要注意区分。

一般单位符号为小写体，例如m（米），s（秒），t（吨）、g（克）、kg（千克）等；来源于人名的单位符号，其符号的首字母大写，例如，Pa（帕），J（焦），W（瓦），A（安），V（伏），Hz（赫）等。

但体积单位“升”例外，虽不是来源于人名，其单位符号必须大写为“L”。毫升（mL）、微升（μL）等也应相应地将“升”大写为L。

小贴士

体积单位“升”的符号可写成大写L，这是国际单位制中唯一不是来源于科学家名字命名而使用大写的符号。

“升”的符号最早是小写的l。由于小写l与阿拉伯数字1难以分辨，1979年第16届国际计量大会决议：“作为一个例外，允许两个符号l和L作为单位‘升’现行的符号。”在我国1984年颁布的《中华人民共和国法定计量单位》中，规定“升”的单位符号使用大写L。

“毫升”和“微升”单位中L的大小写，目前尚没有统一规定。美国化学学会（American Chemical Society）的规定L必须大写。在学术期刊的投稿须知中，有的要求大写L，有的要求小写l。因此，在学位论文中大小写都不能算错误，但全文要统一，推荐使用大写L，即mL（毫升）、μL（微升）；在期刊论文中，如果投稿须知另有规定的，则遵守投稿须知要求。

（3）单位符号无例外地采用正体。

（4）组合单位符号的构成规则。

① 相乘组合单位符号有两种形式，即加点乘号和不加点乘号，如力矩单位N·m，也可写作Nm。

② 相除组合单位是由两个或两个以上单位相除所构成的，其符号可用两种形式表示。一是采用分式形式；二是采用负指数的形式，将相除转为相乘，乘号用居中圆点表示。

示例：速度单位“米每秒”的符号可以用“m/s”或“$\mathrm{m \cdot s^{-1}}$”，浓度的单位“摩［尔］每升”可以写作“mol/L”或“$\mathrm{mol \cdot L^{-1}}$”。

在学位论文中，这两种形式一般均可使用，但全文要统一；在期刊论文中，使用哪种形式要根据投稿要求决定。

③ 相除组合单位符号中的斜分数线“/”不能多于1条，当分母有2个以上单位时，要用圆括号将整个分母括起来。

示例1：服药剂量应写成50 mg/（kg·d）或50 mg·（kg·d）$^{-1}$，不应写成50 mg/kg·d或50 mg/kg/d。

示例2：肌酐清除率应写为25 mg/（min·m^2）或25 mg·（min·m^2）$^{-1}$，不应写成25 g/min/m^{2}或25 mg·min/m^{2}或25 mg·min^{-1}·（m^2）$^{-1}$。

④ 组合单位中不能夹有单位的中文符号。

示例：把速度单位写成“km/小时”，把流量单位写成m^3/秒，把用药量单位写成mg/（kg·天），都是错误的，应分别写成km/h，m^3/s和mg/（kg·d）。

但是，非物理量单位必要时可以用汉字与单位符号构成组合形式单位。组合单位中允许有计数单位（如元、只、人、把、个、株、粒、颗等）和一般常用时间单位（如月、周或星期等）。

示例：g/只、元/d，以及价格单位元/t，人均住房面积单位m^2/人，劳动生产率单位kg/（月·人）等。

此外，“万”和“亿”是我国特有的数词（但它们不是单位的“词头”），可以与法定单位符号连用，例如可写作20亿t，35万km^{2}等。

⑤ 组合单位中不能插入数字。例如，“25 mg/100 mL”应改为“0.25 mg/mL”。

（5）SI单位的倍数单位。

SI单位的倍数单位（包括10进倍数单位和分数单位）是由在SI词头或SI导出单位的前面加上SI词头构成的新单位。

单位前的数值，一般应尽可能控制在0.1～1000，即不能太小也不能太大，尤其在图表中。在单位之前的数值过大或过小时，都可以用相应的词头与所紧接的单位符号组成新的单位，使数值处于实用范围（一般在0.1～1000）之内。

示例：0.001m，应改为1 mm；1200 g，应改为1.2 kg；32 000 kg，应改为32 t。

SI词头共有20个。其中常用的有：G（吉，10^9）、M（兆，10^6）、k（千，10^3）、m（毫，10^{-3}）、μ（微，10^{-6}）、n（纳，10^{-9}）、p（皮，10^{-12}）。大于等于10^6词头，用大写字母表示；小于等于10^3的词头用小写字母表示。词头符号一律为正体字母。

小贴士：国际单位制（SI）词头一览表

在科技论文中，有许多涉及反应条件及仪器参数的量，容易被误用。列举部分如下：

因数	词头名称		符号	因数	词头名称		符号
	英文名称	中文名称			英文名称	中文名称	
10^{24}	yotta	尧［它］	Y	10^{12}	tera	太［拉］	T
10^{21}	zetta	泽［它］	Z	10^9	giga	吉［咖］	G
10^{18}	exa	艾［可萨］	E	10^6	mega	兆	M
10^{15}	peta	拍［它］	P	10^3	kilo	千	k

续表

因数	词头名称		符号	因数	词头名称		符号
	英文名称	中文名称			英文名称	中文名称	
10^{2}	hecto	百	h	10^{-9}	nano	纳［诺］	n
10^{1}	deca	十	da	10^{-12}	pico	皮［可］	p
10^{-1}	deci	分	d	10^{-15}	femto	飞［母托］	f
10^{-2}	centi	厘	c	10^{-18}	atto	阿［托］	a
10^{-3}	milli	毫	m	10^{-21}	zepto	仄［普托］	z
10^{-6}	micro	微	μ	10^{-24}	yocto	幺［科托］	y

注：摘自GB 3100—1993。

SI词头使用规则：

① 词头是用来构成十进倍数或分数单位的因数符号，它们只有与单位结合才有意义，不能单独使用，也不能重叠使用。

② SI单位制词头是按10^3倍递增或递减的，但长度、体积会用到d（分，10^{-1}）和c（厘，10^{-2}），这两个词头是以10的整数倍递增或递减的。万（10^4）、亿（10^8）等都不是SI单位制词头。

③ 非10进倍数单位，不得与词头构成倍数单位。如：时间的单位“日”（d）、“小时”（h）、“分”（min）等[“秒”（s）除外]，平面角的单位“度”（°）、“［角］分”（′）、“［角］秒”（″），摄氏度（℃）以及kg等。

④ 词头与所紧接的单位是一个整体，可以换算为不同次幂，并和其他单位构成组合单位。

示例：$1\ cm^3=(10^{-2}\ m)^3=10^{-6}\ m^3$；$1\ \mu mol/mL=10^{-6}\ mol/10^{-3}L=10^{-3}\ mol/L=1\ mmol/L$。

⑤ 词头符号和单位符号之间不留空隙。

⑥ 不要以英文缩写作为词头用，如ppm等。

（6）不要使用废弃的单位名称和单位符号。

示例：

相对分子质量：Da用作相对分子或原子质量的单位符号已经废弃，它的单位为1。如“相对分子质量＝50 000 Da”应写成“相对分子质量＝50000”或“*M*r 50000”。

物质的量浓度：国家标准已取消“摩尔浓度”“当量浓度”等名称，物质的量浓度的单位符号应该用mol/L和mmol/L等表示，而不用M或N。

转速：应该用转/分——r/min或者$r\cdot min^{-1}$，而不用rpm。rpm为转每分的英文缩写，作为旋转速度的单位符号是不可取的。

压力：应该用MPa, Pa或kPa表示，而不用磅或kg/cm^2。

热量：热量的单位应该用“J”，不要用已废弃的热量单位“cal”，可按比例1 cal=4.186 J换算。

酶的催化活性：单位$mol\cdot s^{-1}$，即每秒酶触反应转化的底物的量。酶活性的原用国际单位（IU或U），可按比例1IU=16.67 mmol/s（由1 IU=1 μmol/min换算而来）换算。

微生物数量：应该用CFU/mL和CFU/g，常错为“个/mL”“个/g”。

时间：年用a表示，月用m，日（天）用d，小时用h，分钟用min，秒用s。

（7）不要错误选择单位名称和单位符号。

要弄清单位的物理意义，选择确切的单位名称和单位符号。

示例：［平面］角的单位［角］分（′）、［角］秒（″）和时间的单位分（min）、秒（s）不要混用；［平面］角的［角］度（°）不要混用于其他的如病的程度或酒精的含量；“Ⅲ度烧伤”不能写成“Ⅲ°烧伤”；俗称38度的酒精不能写成“38°酒精”，其实质是该酒精的体积分数是38%，也可写成φ（酒精）=38%，而临床上常用于消毒的酒精就可以表达为体积分数为75%的酒精。

（8）不要使用不是单位符号而习惯上被用作单位符号的某些英文缩写。

① 单位英文名称的缩写不是单位符号。

示例：m（分）、sec（秒）、day（天）、hr（［小］时）、y或yr（年）、wk（星期）、mo（月）等英文名称的缩写，其单位符号分别应为min、s、d、h、a（年）、周、月等。

② 英文缩写词ppm（parts per million，10^{-6}）和ppb（parts per billion，10^{-9}）等长期被用作单位符号。这些词只是一种表示数量份额的英文名词的缩写，不能作为单位符号使用。而且其中有的在不同国家代表不同的数值，如ppb在美国表示10^{-9}，而在英国表示10^{-12}，如果不加注释，会引起歧义。

对于“含量为50 ppm”或“浓度为20 ppb”等表示方法，不仅不规范，而且量的概念也不清楚，难以确定它是指质量分数还是体积分数或摩尔分数。很多期刊在其后附加修饰性的信息，如“m/m”，“V/V”等，这在国际单位制中是不允许的。对于ppm或ppb等字母组合应该使用其他的表达方式来替代。

示例：

“生物机体某元素的含量为300 ppm”可修改为“生物机体含某元素的质量分数为300×10^{-6}”或“生物机体含某元素的质量分数为300 mg/kg”。

“空气中二氧化碳的浓度为300 ppm”应修改为“空气中CO_2的体积分数（或摩尔分数）为300×10^{-6}”，也可修改为“空气中CO_2的含量为300 cm^3/m^3”，或“空气中CO_2的含量为300 μmol/mol”。

“溶液中K^+含量为500 ppb”应该为“溶液中K^+的质量浓度为500 ng/L”。

“60%体积分数”正确的表示方法是“体积分数为60%”或“体积分数为0.60”，“50%（m/m）”正确的表示方法是“质量分数为50%”。

当ppm用来表示化学位移δ时，根据化学位移的定义，只需要将ppm删除，不必改写成“$\times10^{-6}$”。

示例：“化学位移$\delta=7.5$ ppm”，应改写成为“$\delta=7.5$”。

（9）绝不能对单位符号进行修饰。

示例：“0.15 mg（Pb）/L”的正确表示应为“ρ（Pb）=0.15 mg/L”，“1 g生药/mL”的正确表示应为“ρ（生药）=1 g/mL”。

（10）单位符号后不得附加圆点（句子结尾的标点符号除外）。

（11）单位名称的读法。

在叙述性的文字中，可直接用单位符号，也可以用单位的名称叙述，在叙述时要注意单位名称的读法。单位名称的读法掌握3条原则：

① 单位符号应按名称读法，不按字母读音。

示例："kg" 读成 "千克"，而不读成 "开基"。与此类似，μm读作 "微米"，N读作 "牛顿"，kPa读作 "千帕"，W读作 "瓦特"，J读作 "焦耳"……

② 组合单位的名称读法，与符号的顺序一致。

示例：物质的量浓度单位 "mol/L" 读成 "摩[尔]每升"，不应读成 "每升摩[尔]"。

③ 乘方形式的单位名称读法，由相应数字加 "次方" 构成。

示例："m^2" 应读作 "二次方米"，如果表示的是面积单位，则读成 "平方米"，而不读成 "米二次方" 或 "米平方" 等。

（12）单位符号应当置于量的整个数值之后，并在其间留一半角空格。

GB 3100—1993指出："单位符号应写在全部数值之后，并与数值间留适当的空隙。" GB 3101—1993重申："单位符号应当置于量的整个数值之后，并在其间留一空隙。"

其原因，一是为了避免阿拉伯数字1与单位符号l（升）、lm（流［明］）、lx（勒［克斯］）等小写的拉丁字母l混淆；二是数值与单位符号密排，有些字母与数字几乎连在一起，如100m，视觉上不美观。

当然也有特例，数值与百分号%（不是单位符号）、温度符号℃和带汉字的计量单位之间区分明显，可不留空隙，如50%、20℃、3000万元/a等。数值与平面角单位符号 "°" "′" "″" 之间不必留空隙，如 "30°15′26″" 不排成 "30 °15 ′26 ″"。

示例（为期刊论文原文实例，下划线为本书编著者添加，以提醒注意此处是否需要空格）：

The agarose was maintained at 4_°C for 5_min to solidify. The third layer of low melting point agarose was added and maintained at 4_°C for 5_min. The slides were immersed in lysing solution (2.5_M NaCl, 100_mM Na_2EDTA, 10_mM Tris, pH_10, 1_% sodium sarcocinate, 1_% Triton X-100 and 10_% dimethyl sulfoxide) at 4_°C for 1_h, and then placed in a horizontal gel electrophoresis tank containing 300_mM NaOH and 1_mM Na_2EDTA for 20_min before electrophoresis was performed for 20_min using 25V and 300_mA. The slides were washed with neutralising buffer (400_mM Tris buffer, pH_7.5) and then stained with EtBr.

小贴士：浓度和质量浓度单位符号的使用

物质的量浓度的法定单位符号为mol/L，mmol/L（10^{-3}），μmol/L（10^{-6}），nmol/L（10^{-9}），pmol/L（10^{-12}）等，质量浓度的法定单位符号为kg/L，g/L，mg/L，μg/L，ng/L等。在这些组合单位中使用的体积单位都是 "L"。

但在实际科研过程中，所使用的样品量常常是 "mL" 甚至 "μL" 级的，"mmol/mL" 的表达方式比 "mol/L" 更贴近实验的操作过程。因此在科技论文中，有时可以变通使用含 "mL" "μL"

等的单位。

在临床医学上，生化指标一般采用法定的计量单位符号，并采用负指数形式书写。

示例：

总蛋白、清蛋白、球蛋白、脂蛋白、血红蛋白、总脂，用$g \cdot L^{-1}$。

免疫球蛋白，用$mg \cdot L^{-1}$。

葡萄糖、三酰甘油、胆固醇、血钾、尿素氮、非蛋白氮、钠、钙、镁、氯化物等，用$mmol \cdot L^{-1}$。

胆红素、肌酐、抗坏血酸、尿胆元、氨、维生素A、维生素E、维生素B_1、维生素B_2、维生素B_6、尿酸、铁、铅等，用$\mu mol \cdot L^{-1}$。

肾上腺素、甲状腺素、孕酮、睾酮、雌二醇、叶酸等，用$nmol \cdot L^{-1}$。

胰岛素、雌二醇、促肾上腺皮质激素、维生素B_{12}等，用$pmol \cdot L^{-1}$。

……

4.4 外文字符

在科技论文中，不论在文字中，还是图表中，外文字符的使用极其普遍。外文字符的大小写和正斜体的区分是很严格的，各有其特定的含义和用法。如果写作不规范，很容易出现含义的差异。

根据国家有关科技出版物的标准规范，将科技论文中外文字符大小写和正斜体的一般规则归纳如下。

4.4.1 大小写规则

4.4.1.1 大写规则

大写外文字符主要用于下列场合：

（1）部分量符号　量符号中部分要大写。

示例： 力学物理量中的L（长度）、A（或S）（面积）、V（体积）、F（力）、M（力矩）、T（热力学温度）、P（压强）以及电学物理量符号。

（2）部分单位符号

① 单位符号中来源于人名的首字母要大写。

示例： Pa（帕）、J（焦）、W（瓦）、A（安）、V（伏）、Hz（赫）等，但eV（电子伏）和dB（分贝）为例外。

在法定计量单位中，只有体积单位“升”是例外，它虽属于一般计量单位，也不是来源于人名，但其优先采用的单位符号为大写L。“毫升”和“微升”也应相应地写为“mL”和“μL”。

② 单位符号中表示10^6及其以上因数的词头符号要大写。在20个SI词头中，大于等于10^6词头符号用大写字母表示，如G（吉，10^9）和M（兆，10^6）等；小于等于10^3的词头符号用小写字母，如k（千，10^3）、d（分，10^{-1}）、c（厘，10^{-2}）、m（毫，10^{-3}）、μ（微，10^{-6}）、n（纳，10^{-9}）、p（皮，10^{-12}）等。

（3）化学元素符号　化学元素符号的首字母要大写。

示例：Na（钠）、Ca（钙）、Hg（汞）、Fe（铁）、Ag（银）、Mg（镁）、Zn（锌）等。

（4）生物学符号

① 生物拉丁文学名的属名首字母要大写。

② 氨基酸缩写用3个字母表示时，仅第一个字母大写，其余为小写，全部正体。碱基缩写为大写、正体。

（5）缩写词和专用名词等

① 对于公认习用的外文缩写词，在论文中可以直接使用（建议在论文中第一次出现也写出全称），按惯例大写。

示例：DNA（脱氧核糖核酸）、ATP（腺苷三磷酸）、SOD（超氧化歧化酶）、HDL（高密度脂蛋白）、TG（甘油三酯）、TC（胆固醇）等。

② 对于非公知公认的外文缩写词，在摘要和正文中第一次出现时，均应分别加以标注说明。

示例：雌激素替代疗法（hormone replacement therapy，HRT）能够降在一定程度上降低绝经后女性心血管疾病的发病率，却会显著增加此类人群中风和恶性肿瘤的罹患风险。在寻找HRT的替代疗法时，许多研究都围绕选择性雌激素受体调节剂（selected estrogen receptor modulators, SERMs）而开展。因此，寻找天然无毒副作用的SERMs成为研究者们关注的焦点。大豆异黄酮具有类雌激素活性，是一类天然的SERMs。

③ 与普通英语相同的大写规则。例如，姓和名的首字母大写，国家、组织、单位、报刊等名称的每一个实词的首字母大写，月份和星期的首字母大写等。

4.4.1.2　小写规则

小写体外文字符主要用于以下场合：

（1）来源于人名以外的一般计量单位符号的字母，要小写。

示例：m（米）、kg（千克）、s（秒）、mol（摩尔）、t（吨）等。

（2）计量单位中表示10^3及其以下因数的词头符号要小写。在SI词头中，小于等于10^3的词头用小写字母表示。常用的符号有：k（千，10^3）、d（分，10^{-1}）、c（厘，10^{-2}）、m（毫，10^{-3}）、μ（微，10^{-6}）、n（纳，10^{-9}）、p（皮，10^{-12}）等。

（3）附在中译名后的普通名词原文（德文除外）要小写。

示例：灾变（catastrophism）。

（4）全部虚词（除处在句首或全部字母均采用大写的特殊情况外）要小写。

提示：不需要大写，而通常被大写的外文字符

（1）英文名词对照：附在中译名后的普通名词原文，首字母不需要大写。如：超氧化物歧化酶（superoxide dismutase）、高效液相色谱法（high performance liquid chromatography）。

（2）变种（var.）、亚种（ssp.）、未定种（sp.）：小写开头。例如：榨菜*Brassica juncea* var. *tsatsai*。同时注意，这类外文字母夹在斜体的学名之间，也很容易被写成斜体。

（3）表示酸碱度的pH，“p”为小写。

（4）表示质量的千克kg，“k”为小写。

4.4.2 正斜体规则

4.4.2.1 正体规则

科技论文中的外文字符，除了要求斜体外，大多数情况下使用正体。

特别提醒下述外文字母或代号适用正体的情况：

（1）数学符号

有定义的已知数学函数符号和标注性符号（如正弦sin、余弦cos、常用对数log、自然对数ln、最大值max、最小值min、极限lim、均方MS、协方差Cov等），其值不变的数学常数（例如自然对数e、圆周率π等），使用正体。

（2）物理符号

① 计量单位符号，如MPa，mol，℃等，使用正体。

② 粒子符号，如电子e，质子p，中子n，核子N，使用正体。

（3）化学符号

① 化学元素符号及由元素符号组成的分子式、结构式等，如Br，Fe，$\mathrm{H_2SO_4}$，HCHO，$\mathrm{CH_3COOH}$等，使用正体。

② 表示基团的缩写符号，如R（烃基）、Ar（芳基）、Me（甲基）、Et（乙基）、Pr（丙基）、Bu（丁基）、Ph（苯基）等，使用正体。

③ 在氨基酸、肽类、糖类、环多元醇及其衍生物的立体化学命名中，按Fischer投影表示分子构型时，D（–）或L（+）为正体。

④ 酸碱度符号pH、等电点符号pI，使用正体。

⑤ 电子层K、L、M、N、O、P、Q（用大写）、电子亚层s、p、d、f（用小写）等，使用正体。

（4）生物学符号

① 生物属种的定名人以及其他标记，如sub.（亚种）、ssp.（亚种）、var.（变种）、cv.（栽培变种）、sp.（一个未定种）、spp.（多个未定种）、e.g.（例如）、i.e.（即），使用正体。

② 生物分类中属以上分类单元的拉丁名称，使用正体。

（5）其他符号

① 人名、地名、公司名和其他机构名称全称或缩写。

② 有些特定名词、名称中的外文字母，如X射线、维生素A等。

③ 商品名称和牌号中的外文字母，如QJ-18型、ZG40Cr、Nylon等。

③ 各种标准和规范的缩写符号。如国家标准GB，德国工业标准DIN等。

4.4.2.2　斜体规则

（1）数学符号

① 各种统计学符号用斜体。

统计学符号不论用英文字母还是希腊字母，不论大写或小写，一律都用斜体。

英文小写的有：样本数n、样本的平均数$\bar{x}$、样本的标准差s（不用SD）、t检验、样本的相关系数r等。

英文大写的有：F检验、概率P值（P值前应给出具体检验值，如t值、χ^2值、q值等）。

希腊文小写的有：卡方检验χ^2等。

② 部分数学符号用斜体。

数学变量符号，如a, b, c, m, n, x, y, z等；坐标轴代号原点O及X、Y、Z；插图坐标变量，如x、y、z；代数运算中的量符号，如$x + y = a$；几何运算中的量符号，如$\sin a + \cos b$；函数符号，如f，g，D，N，F，E，$f(x)$，$g(u)$等；变动附标，如$\sum_{i=1}^{n} a_i$中的i与n等，均用斜体。

（2）物理量符号　各种物理量的符号均用斜体（pH用正体除外）。

示例：t（时间）、m（质量）、c（物质的量的浓度）、b（质量摩尔浓度）、ρ（质量浓度）、p（压力）、z（酶活性，kat）、L（长度）、S（或A）（面积）、V（体积）、S（距离）、T（热力学温度）、U（电压）等。

变动附标如$Pi(i=1，2，3\ldots)$（i代表变动数字1，2，3…）等。

（3）化学符号　在化学中表示分子构型、构象、旋光性、取代基位置的符号，按习惯采用斜体拉丁字母或希腊字母，并在其后加半字线“–”，置于化合物名称前，对化合物加以说明。

① 双键化合物：Z（顺式）、E（反式）。

示例：（Z）–2–丁烯、（Z）–2–甲基–2–丁烯酸、（E）–苯甲醛肟等。

② 手性碳原子：R（顺时针排列）、S（逆时针排列）。

示例：（R）–甘油醛（R）–甘油醛。

③ 用扭转角描述分子构象的空间排列：*sp*–（顺叠构象）、*ap*–（反叠构象）、*sc*–（顺错构象）、*ac*–（反错构象）、*as*–（不对称的）、*trans*–（反式）。

④ 物质的旋光性：*l*–（左旋）、*d*–（右旋）、*i*–（内消旋）、*dl*–（外消旋）。

示例：*l*–dopa（左旋多巴）、*d*–amphetamine（右旋苯丙胺）等。

⑤ 取代基位置：*o*（邻位）、*m*（间位）、*p*（对位）、*n*–（正）、*i*–（异）、*iso*（异位）。

示例：*p*–aminosalicylic acid（对氨基水杨酸）、*n*–butyl acetate（醋酸正丁酯）等。

⑥ 化合物名称中表示与特定原子相连的符号：*N*–（与氮原子连接、大写斜体）、*O*–（与氧原子连接、大写斜体）、*S*–（与硫原子连接、大写斜体）等。

示例：3–*O*–methyl–adrenaline（3–*O*–甲基肾上腺素）、*N*–methylacetanilide（*N*–甲基乙酰苯胺）。

⑦ 多碳化合物，碳原子的位序：*α*–，*β*–，*γ*–等。

示例：*γ*–亚麻酸等。

（4）生物学符号

① 生物分类中属（包括亚属）、种（包括亚种和变种）的学名用斜体。

示例：水稻*Oryza sativa* L.、大肠杆菌*Escherichia coli*、幽门螺杆菌*Heliobacter pylori*等。

② 表示基因座名的英文缩写用斜体。

基因及其位点符号通常由字母或结合阿拉伯数字组成，这些字母及其后的阿拉伯数字均用斜体。

示例：*abl*基因，*bcr*基因，*URO*基因，*Nt–gh3*基因、*vp3*基因、*bmp3b*基因、原癌基因*raf1*（人）、病毒癌基因*v–raf–1*（鼠）、抑癌基因*p53*（鼠）等。

但基因表达产物蛋白质名称缩写符号用大写正体，如P16蛋白。

③ 限制性内切酶缩写符号的前3个字母用斜体，但后面的字母和编码用正体。

限制性内切酶的命名原则是根据分离出这种酶的细菌的分类学上的属名、种名、菌株名和序列号来命名。大多采用3个字母表示，即由微生物属名的第1个字母和种名的前2个字母组成，首字母大写，后两个字母小写，均用斜体。有的还有第4个字母，表示该微生物的变种或品系，大写，正体。如果同一微生物中发现多种酶，则用罗马数字区分，大写，正体。

示例：从细菌*Arthrobacter luteus*中分离得到的第一种酶，命名为*Alu* Ⅰ；从细菌*Bacillus amyloliquefuciens*的H菌株中分离出来的第一种酶，命名为*Bam*H Ⅰ；从*Escherichia coli*的R菌株中分离得到的第1种内切酶，命名为*Eco*R Ⅰ；从*Haemophilus influenzae*的Rd菌株中分离出来的第三种酶，命名为*Hind* Ⅲ。

目前，常见的错误用法多为前3个字母未排斜体，或把最后为罗马数字写成英文字母。

（5）其他符号

① 英文中使用的某些固定拉丁词用斜体。

示例：*po*（口服），*in vivo*（体内），*in vitro*（体外），*in situ*（原位），*et al*（等，指人），*etc*（等，指物）等。

② 在文章中引用的外文书名和刊名，以及中文书名和刊名的汉语拼音名称用斜体。

③ 中药方剂的汉语拼音名称用斜体。

示例：六味地黄丸 *Liuwei Dihuang Wan*。

4.5 图

★ GB 7713规定 ★

图包括曲线图、构造图、示意图、图解、框图、流程图、记录图、布置图、地图、照片图版等。

图应具有“自明性”，即只看图、图题和图例，不阅读正文，就可理解图意。

图应编排序号。

每一图应有简短确切的题名，连同图号置于图下。

必要时，应将图上的符号、标记、代码，以及实验条件等，用最简练的文字，横排于图题下方，作为图例说明。

曲线图的纵横坐标必须标注“量、标准规定符号、单位”。此三者只有在不必要标明（如量纲为1等）的情况下方可省略。坐标上标注的量的符号和缩略词必须与正文中一致。

照片图要求主题和主要显示部分的轮廓鲜明，便于制版。如用放大缩小的复制品，必须清晰，反差适中。照片上应该有表示目的物尺寸的标度。

插图可以以直观的方式反映事物的形态、结构、变化趋势及其特点，缩减繁琐的文字描述，甚至可以描绘用文字难以表达清楚的内容。

4.5.1 图的主要类型

科技论文中的插图，主要分为线条图和照片图两大类。

4.5.1.1 线条图

线条图又称墨线图，包括各种统计图、记录图、示意图、流程图等。

统计图在科技论文中运用很广，包括柱形图、条形图、折线图、饼图、散点图等。

① 柱形图（bar chart）：用等宽直条的长短来表示各个相互独立的指标大小，适用于相互独立的项目之间的比较。单式柱形图适用于只有一组观察项目，复式柱形图适用于有多组观察项目。

绘制要点：横轴为观察项目，纵轴为数值，纵轴坐标一定要从0开始；直条的宽度应等宽、等间距。复式直条图在同一观察项目的各组之间无间距。用于印刷的柱形图，要用点或线表示不同的项目。如果单纯用不同颜色区分，转为黑白之后均为灰色，打印效果会很差。

示例（图4-1）：

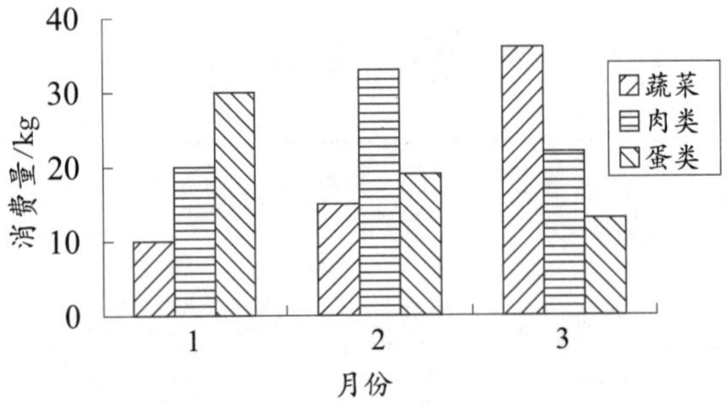

某镇第1季度部分副食品家庭平均消费情况

图4-1　柱形图示例

② 折线图（line diagram）：以线段的上升或下降来表示事物在时间上的发展变化或一种现象随另一种现象变迁的情况，适用于反映事物的动态变化规律。

绘制要点：横轴表示某一连续变量，纵轴表示事物现象发生的水平，纵轴坐标可以不从0开始；数据点画在组段中间位置，相邻的点用直线连接，无数据的组段用虚线连接，直线不能任意外延；当有两条或两条以上曲线在同一张线图上时，须用不同颜色或不同的图形形式加以区分，并附图例加以说明。

示例（图4-2）：

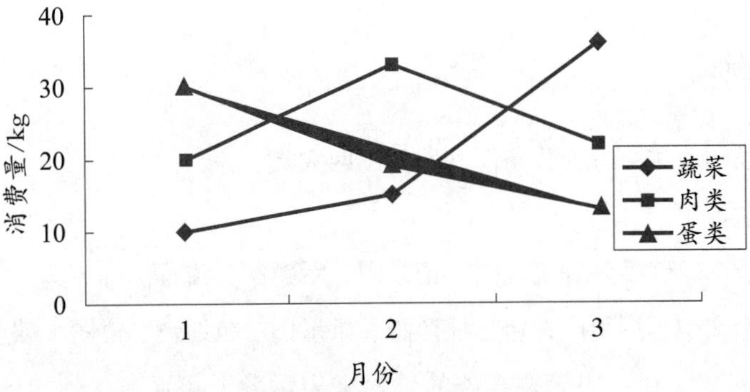

某镇第1季度部分副食品家庭平均消费情况

图4-2　折线图示例

③ 饼图（pie chart）：用圆内各扇形面积所占的百分比来表示各部分所占的构成比例，适用于描述各部分的百分比构成。

绘制要点：每部分用不同的点、线或颜色表示，并在图上标出百分比，并附图例说明；当比较不同资料的百分构成时，可以画两个相等大小的圆，在每个圆的下面写明标题，并用相同的图例表示同一个构成部分。用于印刷的饼图，要用点或线表示不同的项目，单纯用不同颜色区分会打印效果很差。

示例（图4-3）：

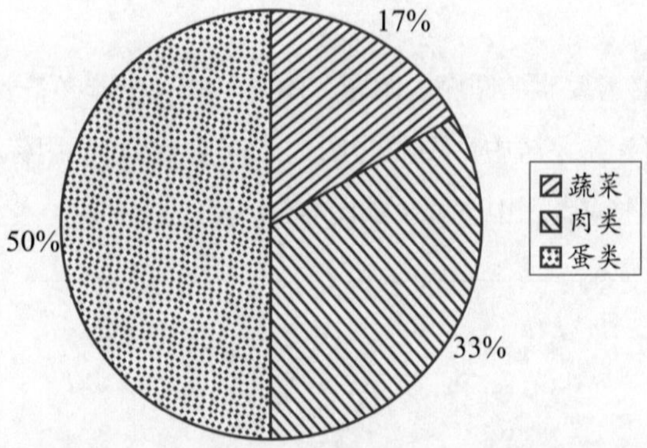

某镇1月份部分副食品家庭平均消费情况

图4-3　饼图示例

④ 散点图（scatter diagram）：以点的密集程度和趋势来表示两种现象的相关关系，适用于双变量项目，反映两事物间的相关关系，主要用于相关回归分析。

绘制要点：横轴代表一个变量，纵轴代表另一个变量。纵横轴的坐标起点不一定要从0开始，根据项目的情况而定。

示例（图4-4）：

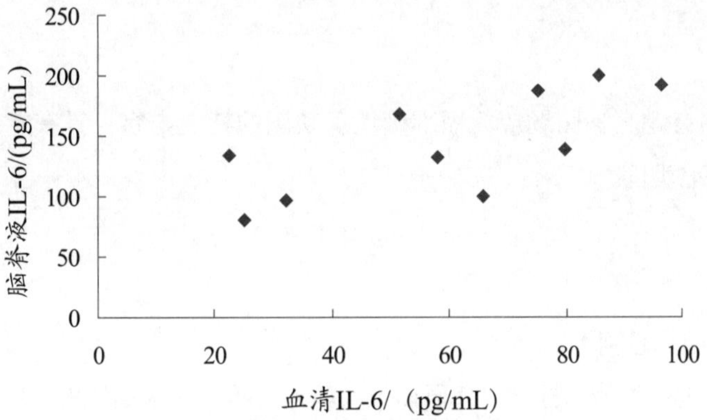

SAH患者血清和脑脊液IL-6散点图

图4-4　散点图示例

4.5.1.2　照片图

照片图必须真实，图像清晰，对比度合适，印刷后其中最细致的部分也能够看得清楚。

照片的重点显示处，常用箭头或符号标明。显微照片应在其说明文字或注释中标明其放大倍数，病理照片应注明染色方法和放大倍数，X线图应注明投照方位，实物照片涉及尺寸者应与比例尺同时拍照。

4.5.2 图的构成要素

每个插图，都有三个必备要素（图序、图题、图身）和一个非必备要素（图注）构成。

图序与图题置于图的下方，居中。图序与图题之间空1格，不用标点。图注横排于图题上方（也有期刊规定在图题下方）或者图中空处（如图4–5所示）。

（图注）1. × × × ×　2. × × × ×　3. × × × ×

图序 图题

图4–5　图的构成要素

4.5.2.1　图序

为该图在论文中的顺序编码。

按照图在文中出现的先后顺序，使用阿拉伯数字连续编排序号，如“图 1 ”“图2”“图2–2”等。每一插图都必须有序号，即使全文只有一幅图，也要标示“图1”或“图2–1”等。

4.5.2.2　图题

指图的题名。

每一插图都必须有题名。图题应简短准确地反映图的特定内容，具有专指性。对拟定图题要求，与拟定论文的题名类同。

4.5.2.3　图身

即图样本身。

4.5.2.4　图注（或图例）

必要时，应将图上的符号、标记、代码以及实验条件等，用最简练的文字，作为图注说明。

统计图中的曲线图可使用“○”“●”“■”“□”“▲”“△”“×”等图注符号。

照片图可用“1. ……; 2. ……; 3. ……; 4. ……”或“A. ……; B. ……; C. ……; D.: ……”等图注符号。

示例：折线图的构成（图4–6）

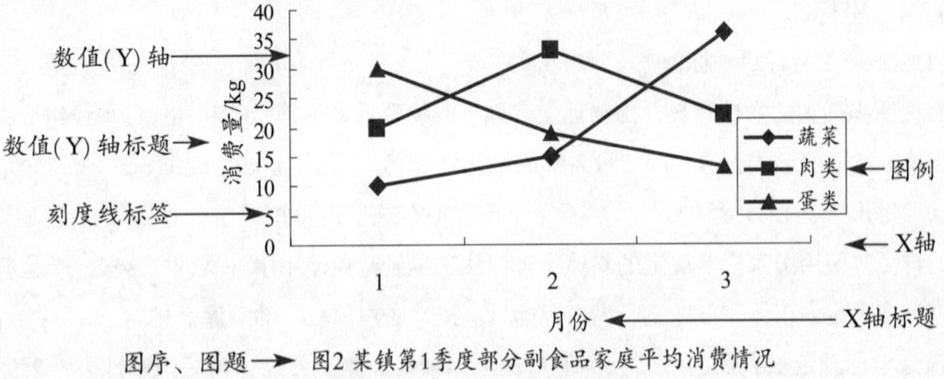

图4-6　折线图的构成要素

4.5.3　图的注意问题

4.5.3.1　图的自明性

图应具有自明性，即读者只看图题、图身和图注，不阅读正文，即可理解图的含义。

图的表述项目要齐全，线型、线距、计量单位、符号、坐标、名词术语等应符合制图要求和有关标准的规定。

4.5.3.2　量纲符号

坐标图的纵横坐标必须标注量、单位和标准规定符号，只有在不必要标明的情况下方可省略。坐标上标注的量符号、单位符号和缩略词必须与正文中一致。

4.5.3.3　图与文字的关系

① 图与文字的呼应：先见文，后见图，图随文走。

在文中第一次提及该图的位置，要标出相呼应的图序，如“如图×”“见图×”“参见图×”或“如图×所示”等，让读者知道该图与正文的关系。

在表达方式上，可以将图序作为句子的组成部分，也可以将图序标在括号内。即采用“……活性的测定结果见图2–1”或“测定了……活性（如图2–1所示）”这两种方式均可。

② 图在文中的摆放位置：插图通常紧接在文中第一次提及该图的段落之后。

如果版面所限，插图只能下推，不能前移。学位论文在最后定稿排版时，如果该页空白不够排写该图整体，可以把插图移至次页，将其后一至几个段落的文字提前排写；期刊论文的版式由编辑部处理。

图身与图题为一个整体，不得拆开排写于两页。

③ 图与表、文字的关系：图的内容不应与表重复，一组数据用图或表其中的一个表示即可。切忌对同一项内容既用图又用表、文字重复表述，或用多张插图表述类同的事实或现象，造成文章的冗长。

图中的名词术语、单位、字母、符号要与文字叙述部分一致。

4.5.3.4　坐标图

① 坐标图应带有标目和标值。

标目说明坐标轴的物理意义，由物理量名称（或物理量名称符号）和相应的单位组成；标目尽量用量与单位比值的形式表达，即“量名称或量符号/单位”，例如*m*/kg，*t*/min，*c*/（mol/L），*p*/kPa，*V*/mL，*t*/℃等形式。百分号“%”虽然不是单位，但在这里也可按单位处理，如“完成比例/%”。物理量的符号应使用国家标准规定的斜体字母标注，尽量避免使用中外文的文字段。单位符号应该使用国家标准规定的正体字母标注。纵坐标标目应按“底左顶右”的顺序竖排。

标值是坐标轴定量表述的尺度，标值写在坐标轴线外侧。紧靠标值短线的地方。要通过改用标目中的单位的方法使标值的数字应尽量不超过3位，或小数点后不多于1位。如将50000 m改为50 km，1000 g改为1 kg，0.005 g改为5 mg等。同时，要使标值规整化，如因实测数据使标值非规整如0.275，0.580，0.866……时，应使标值规整化为0.3，0.6，0.9……不能用不规整的实测数值直接作标值。

② 坐标轴具有具体标值时，因标值的大小已明确表述了增量的方向，就不应在给出标值的同时，再重复给出箭头标志。只有当坐标轴表述的是定性的变量，即没有给出具体值时，坐标轴的末端才应按增量方向画出箭头，并标注*x*, *y*及原点。

③ 线条图中的尺寸线和纵横坐标线应用细实线，其他线条则用粗实线。

示例：

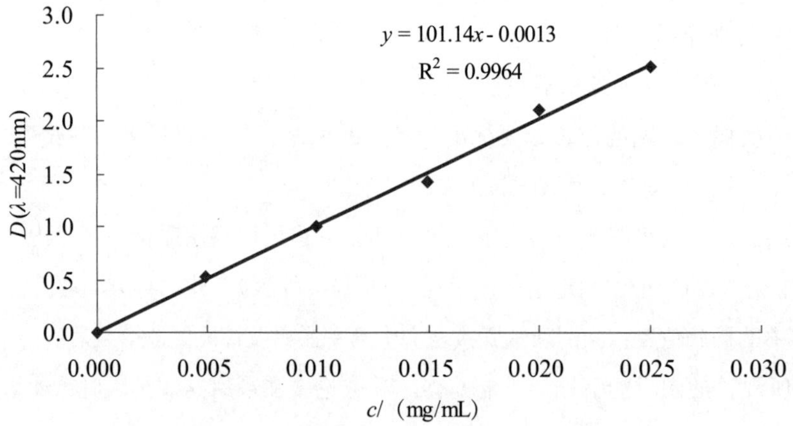

pNP标准溶液吸光度–浓度关系曲线图

图4–7　坐标图示例

4.5.3.5　图的设计原则

① 如果图的内容简单且可用文字叙述代替的，则不必采用图的表达形式。

② 一幅图只能表达一个主题，不要试图把性质完全不同的结果揉合在同一图内。

③ 图的高度与宽度之比一般以5∶7左右为宜。

4.6 表

★ GB 7713规定 ★

表的编排，一般是内容和测试项目由左至右横读，数据依序竖排。表应有自明性。

表应编排序号。

每一表应有简短确切的题名，连同表号置于表上。

必要时，应将表中的符号、标记、代码，以及需要说明事项，以最简练的文字，横排于表题下，作为表注，也可以附注于表下。表内附注的序号宜用小号阿拉伯数字并加圆括号置于被标注对象的右上角，如×××$^{(1)}$，不宜用星号“*”，以免与数学上共轭和物质转移的符号相混。

表的各栏均标明“量或测试项目、标准规定符号、单位”。只有在无必要标注的情况下方可省略。表中的缩略词和符号，必须与正文中一致。

表内同一栏的数字必须上下对齐。表内不宜用“同上”“同左”“〃”和类似词，一律填入具体数字或文字。表内“空白”代表未测或无此项，“－”或“…”（因“－”可能与代表阴性反应相混）代表未发现，“0”代表实测结果确为零。

如数据已绘成曲线图，可不再列表。

表格具有简洁、清晰、准确的特点。如果表格选用得合适，设计得合理，不仅会使文章论述清楚、明白，还可收到美化版面、节省版面的效果。

4.6.1 表的主要类型

科技论文中表的形式，有系统表、无线表、卡线表与三线表等。

4.6.1.1 系统表

用于表示多个事项之间的隶属关系和层次的表。

示例：甜味剂的种类

- 甜味剂
  - 天然甜味剂
    - 糖醇类：木糖醇、山梨糖醇、甘露糖醇、麦芽糖醇
    - 非糖类：甜菊糖苷、甘草、罗汉果素、索马甜
  - 人工合成甜味剂
    - 磺胺类：糖精钠、环己基氨基磺酸钠
    - 二肽类：天冬酰苯丙酸甲酯、阿力甜
    - 蔗糖的衍生物：三氯蔗糖、异麦芽酮糖醇

4.6.1.2 无线表

不用线而以空间隔开的表。无线表的内容一般比较简单。

示例：食品添加剂的使用量

酸味剂 ≤0.2%

甜味剂 8%

增香剂 2%

保润剂 2%

防腐剂 ≤0.2%

4.6.1.3　卡线表

用直线作为横栏线和竖栏线将文字或数字分开的表。

卡线表的各项数据之间分隔得很清楚，隶属关系一一对应，读起来不易串行。但缺点是横线和竖线多，显得繁杂不够简练。

示例：

表×　　　　常见甜味剂糖度和使用用量

常见甜味剂	与蔗糖糖度对比	最大使用量
果糖	1.17：1	按生产需要适量使用
葡萄糖	0.7：1	按生产需要适量使用
麦芽糖醇	0.9：1	按生产需要适量使用
山梨糖醇	0.6：1	按生产需要适量使用
阿斯巴甜	200：1	乳粉中2.00 g/kg
糖精	500：1	饮料中0.15 g/kg

4.6.1.4　三线表

主要由顶线、底线和栏目线3条线构成的表。

三线表保留了传统卡线表的全部功能，增强了表格的简洁性。三线表是被国内外科技期刊推荐使用的表，因而在科技论文中最为常见。在学位论文和期刊论文中，要求必须将传统卡线表改为三线表。

以下对三线表重点介绍。

4.6.2　三线表的构成

4.6.2.1　三线表的基本结构

三线表通常只有3条线，即顶线、底线和栏目线（图4–8）。

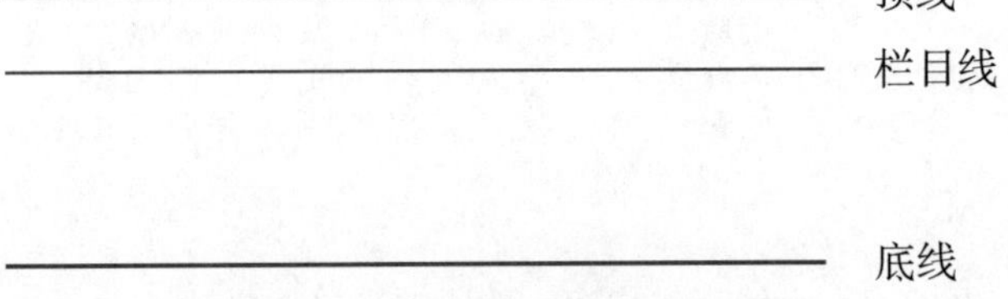

图4–8　三线表的基本结构

三线表中必要时可加辅助线，但无论加多少条辅助线，仍称作三线表。

4.6.2.2　三线表的构成要素

每个表格，都有4个必备要素（表序、表题、表项、表身）和1个非必备要素（表注）构成。

表序、表题位于表格顶线上方，居中；表序和表题之间空1格，不用标点。表项和表身位于顶线和与底线之间，表注通常加在底线下方（图4–9）。

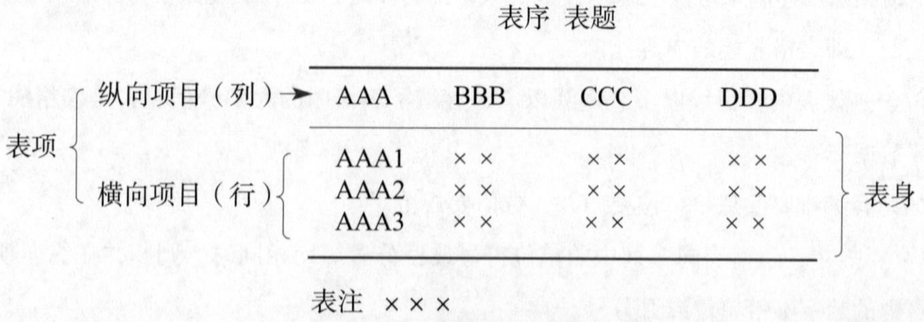

图4–9　三线表的构成要素

示例（图4–10）：

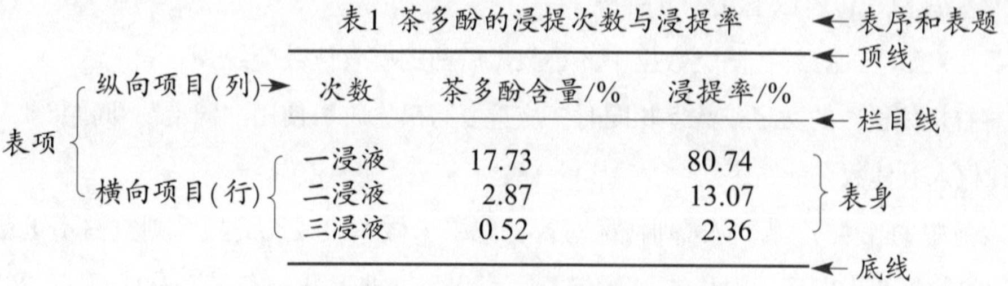

图4–10　三线表的构成要素示例

（1）表序　为该表在论文中的顺序编码。

按照表在文中出现的先后顺序，使用阿拉伯数字连续编排序号。如“表1”“表2”“表2–2”等。每一表都必须有编号，即使全文只有一个表，也要标示“表1”或“表2–1”等。

（2）表题　指表的题名。

每一表都必须有表题。表题应简短准确地提示表的特定内容。简短，即要求表题的文字尽量简洁；准确，即要求表题针对性强，能恰当提示表格的特征和属性，要避免用泛指性的词语做表题，如仅仅用“数据表”“对比表”“参量变化表”“计算结果”等表达。

（3）表项　是表格中具体项目的名称和类别。

表项的内容编排要注意“项目不能少，主谓别颠倒”。

① 项目不能少，是指项目栏分为横向项目栏（行）和纵向项目栏（列）。横向项目栏说明每一个“行”的属性，位于表格的左侧；纵向项目栏说明每一个“列”的属性，位于表格的第一横行。

三线表中的栏目有单层次的，也有多层次的。多层次的栏目彼此之间要用辅助线隔开。辅助线均比主线短。

② 主谓别颠倒，是指通常将被说明的项目作为主语安排在表的左侧，将各项统计指标作为谓语安排在表的右侧。将表格的项目由左至右横读，数据依序竖读，主语和谓语结合起来构成一个完整的句子。

如上述示例表中的“次数”作为主语置于表的左侧，“茶多酚含量”“浸提率”作为谓语置于表的右侧；主语和谓语连起来可读成“一浸液的茶多酚含量为17.73%，浸提率为80.87%”。

（4）表身　即表格表述的内容。

表身位于三线表内栏目线以下、底线以上，容纳了表格内的大部分信息，是表格的主体部分，通常为一些数据。

表身的内容编排要注意“单位要归并，数值要规范。”

① 单位要归并，是指当同一列中的单位符号或百分号等均相同时，则归并在纵向项目名称栏中，使表身内的数字不带单位或百分号。

如果整个表身内有共用单位、均数标准差和观察例数等，则可在表题后注明，并加用括号。这种编排虽无明确标准，但已为多数期刊普遍认可。

② 数值要规范，包含以下几个方面：

一定要注意数字的修约，同类数据中的小数点后面的有效位数应统一。

上下左右相邻栏内的文字或数字相同时，应重复写出，不可使用“同上”“同左”“〃”和类似词，一律填入具体数字或文字。

对于表身中的无数字栏，应区别情况对待。如果未做实验或无此项，则空白不填；如果已做实验但未取得数据或未发现，则写“—”或“…”，以示并非遗漏；实测值为0，则写“0”。

同一栏的数字要左对齐或小数点对齐。

此外，表身内如果有简短的说明文字，则居中列出；表内文字也要正确使用标点符号，但段末一般不用标点。

（5）表注　为表格的非必备要素，如果无需注释则不加表注。

必要时，应将表中的符号、标记、代码以及需要说明事项，以最简练的文字，附注于表下，作为表注说明，解释说明获得数据的实验和统计方法、缩写或简写等。

关于表注的呼应符号，GB 7713规定：“表内附注的序号宜用小号阿拉伯数字并加圆括号置于被标注对象的右上角，如×××$^{(1)}$，不宜用星号‘*’，以免与数学上共轭和物质转移的符号相混。”但是，GB 7713推荐使用的阿拉伯数字加圆括号标注，容易与参考文献序号相混；GB 7713不推荐使用的星号“*”标注，反而有的期刊特意要求用。

为避免这些情况，推荐参照一些国际期刊的做法，可采用这两种符号的以外的其他符号作为不同的表注呼应符号，如“☆”“★”“△”“▲”“◇”“◆”“¶”“●”“○”“■”“※”等，或采用外文字符。

统计学显著性可以用$^{a}P<0.05$，$^{b}P<0.01$（$P>0.05$不注）两档表示，如果同一表中另有一套P值，则$^{c}P<0.05$，$^{d}P<0.01$，第3套为$^{e}P<0.05$，$^{f}P<0.01$，余类推。（也有期刊要求用$^{a}P>0.05$，$^{b}P<0.05$，$^{c}P<0.01$三档表示，如果同一表中另有一套P值，则$^{d}P>0.05$，$^{e}P<0.05$，$^{f}P<0.01$，余类推。）P值应注明何种检验及其具体数字，如$P<0.01$，$t=4.56$ *vs* 对照组等，注在表的左下方。

示例：

表×　　四甲基吡嗪作用于HepG2细胞的OD值（$\bar{x}\pm s$, n=6）

TMP浓度/（μmol/L）	OD值		
	24 h	48 h	72 h
0	0.343 ± 0.021	0.471 ± 0.042	0.510 ± 0.071
8	0.233 ± 0.031^{b}	0.433 ± 0.083	0.462 ± 0.075
40	0.308 ± 0.049	0.413 ± 0.009	0.450 ± 0.096
80	0.290 ± 0.073^{a}	0.406 ± 0.082	0.414 ± 0.140
160	0.289 ± 0.050^{a}	0.405 ± 0.013	0.382 ± 0.098^{b}
320	0.298 ± 0.031	0.374 ± 0.053^{b}	0.382 ± 0.099^{b}
640	0.262 ± 0.039^{b}	0.356 ± 0.011^{b}	0.377 ± 0.088^{b}
1280	0.215 ± 0.025^{b}	0.283 ± 0.11^{b}	0.294 ± 0.072^{b}

注：与空白对照组（0 μmol/L）相比，$^{a}P<0.05$，有显著性差异；$^{b}P<0.01$，有极显著性差异。

如果相关的缩写在同一篇文章的多个表格中出现，可在第一个有缩写的表注中注明全部或大部分缩写的含义，其后在其他表的表注中简单注释为“缩写词同表1”或“Abbreviations as in Table 1”。

4.6.2.3　三线表的特殊处理

特殊情况下，可对表格采用竖表转栏、横表分段和续表等形式，进行特殊处理。

（1）竖表转栏：

如果横向标目较多（行数较多），纵标向目较少（列数较少），可将表格从竖向切断后，平行地转成二列和三列的形式。转栏之间用双线隔开，相同栏目重复排出。

（2）横表分段：

如果纵向标目较多（列数较多），横向标目较少（行数较少），甚至通栏仍然难以排下，可将表格转换成上下叠置的二段或三段，分段之间用双线分开，横标目则重复排印（如图4–11所示）。

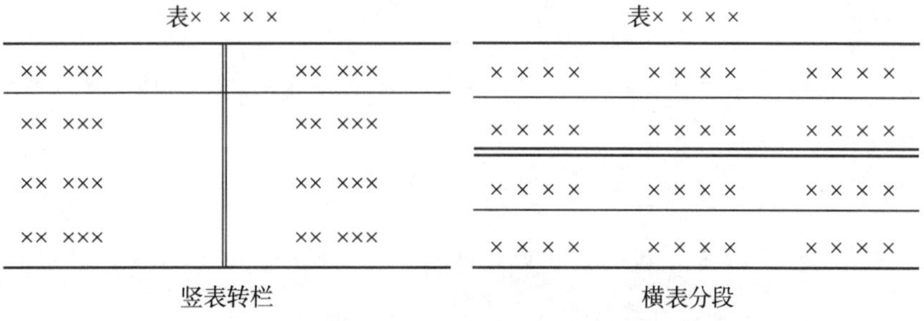

图4–11　表的特殊处理

（3）续表：

如果表格较大必须截断另起一页时，应在下页表的左上方注明“续表”字样，并加写表头。

4.6.3 表的注意问题

4.6.3.1 表的自明性

表应有自明性，即只看表题、表项、表身和表注，不阅读正文，就可理解表的含义。

4.6.3.2 量纲符号

表的各栏均需标明量纲符号，只有在不必要表明的情况下方可省略。表中标注的量符号、单位符号和缩略词，必须与正文中一致。

4.6.3.3 表与文字的关系

（1）表与文字的呼应：先见文，后见表，表随文走。

在文中第一次提及该表的位置，要标出呼应的表序，如“如表×”“见表×”“参见表×”或“如表×所示”等，让读者知道该表与正文的关系。

在表达方式上，可以将表序作为句子的组成部分，也可以将表序标在括号内。即采用“……活性的测定结果见表2–1”或“测定了……活性（如表2–1所示）”这两种方式均可。

（2）表在文中的摆放位置：表通常紧接在文字第一次提及该表的段落之后。

如果版面所限，表只能下推，不能前移。学位论文在最后定稿排版时，如果该页空白不够排写该表整体，可以把表移至次页，将其后一至几个段落的文字提前排写；期刊论文的版式由编辑部处理。

（3）表与图、文字的关系：表的内容不应与图重复，一组数据用表或图其中的一个表示即可。切忌对同一项内容既用表又用图、文字复述，或用多个表格表述类同的事实或现象，造成文章的冗长。

表中的名词术语、单位、字母、符号要与文字叙述部分一致。

4.6.3.4 表格的设计原则

（1）如果表的内容简单且可用文字叙述代替的，则不必采用表格的表达形式。

（2）一个表格只能表达一个主题，不要试图把性质完全不同的结果揉合在同一表格内。

小贴士：什么时候用图，什么时候用表？

对于研究结果和数据，在什么情况下用表格来表述，什么情况下用图来表述呢？一般没有很具体的规定。

一个大致的原则是：

图有形象直观的视觉效果。如果要表明数据或资料之间的对比、关联、趋势或变化规律等，采用绘制图的方法，其效果要比表格好。

表格可很方便地列举大量精确数据或资料。如果要表述对数据依赖较强的工作，精确地显示统计结果和数据之间的异同，通常用表格的方法。

4.7 数学式和化学式

4.7.1 数学式、反应式的序号与转行

★ GB 7713规定 ★

序号：正文中的公式、算式或议程式等应编排序号，序号标注于该式所在行（当有续行时，应标注于最后一行）的最右边。

转行：较长的式，另行居中横排。如式必须转行时，只能在+、−、×、÷、<、>处转行。上下式尽可能在“=”处对齐。

（1）文章中重要的数学式、反应式等可另行排，并用阿拉伯数字连续编序号（式码）。序号加圆括号，右顶格排出。

（2）数学式转行，应在“=”“≈”“<”“>”等关系符号，或在“+”“−”“×”“÷”等运算符号之后转行，居中排列的公式上下式尽可能在“=”处对齐。

（3）反应式转行，在反应方向符号“→”“=”等之后。式中的反应条件应该用比正文小一号的字符标注于反应方向符号的上下方。

示例1：

$$
\begin{aligned}
W(N_1) &= H_{0.1} + \int_{c^{-1}}^{-c^{-1}+1} L_{ae}^{r-2\mathrm{nia}N_1} d_a \\
&= R(N_0) + \int_{c^{-1}}^{-c^{-1}+1} L_{a^e}^{r}{}^{-2\mathrm{nia}N_1} d_a + O(P^{r-n-v}) \quad (1)
\end{aligned}
$$

示例2：

$$
\begin{aligned}
f(x,y) = f(0,0) &+ \frac{1}{1!}\left(x\frac{\partial}{\partial x} + y\frac{\partial}{\partial y}\right) f(0,0) \\
&+ \frac{1}{2!}\left(x\frac{\partial}{\partial x} + \frac{\partial}{\partial y}\right)^2 f(0,0) + \mathrm{K} \\
&+ \frac{1}{n!}\left(x\frac{\partial}{\partial x} + \frac{\partial}{\partial y}\right)^n f(0,0) + \mathrm{K} \qquad (2)
\end{aligned}
$$

示例3：

$$
\begin{aligned}
&-\frac{8\mu}{Nz}\frac{\partial}{\partial S}\text{In}Q=-\left[\left(1+\sum_{1}^{4}z_v\right)-\frac{2\mu}{z}\right]\text{In}\frac{\theta_\alpha(1-\theta_\beta)}{\theta_\beta(1-\theta_\alpha)}\\
&+\text{In}\frac{\lambda_\alpha}{\lambda_\beta}-z_1\text{In}\frac{\varepsilon_1}{\zeta_1}+\sum z_v\text{In}\frac{\varepsilon_v}{\zeta_v}\\
&=0 \qquad (3)
\end{aligned}
$$

4.7.2 化学结构式的规范绘制

（1）化学实验式、分子式、离子式、电子式、反应式和结构式等的编排，应遵守有关规则。结构式中键的符号与数学符号应严格区别。例如单键“—”与减号“－”，双键“═”与等号“＝”等不应混淆。（注：单键“—”和双键“═”符号，可在word中的“插入”→“符号”→“标准字体”中，选取制表符符号“—”和“═”。）

（2）化学结构式使用ChemDraw软件（ChemOffice的组件之一）或ChemWindow软件（Bio-Rad Laboratories的组件之一）绘制。这两种软件是国际通用的化学绘图软件，也是国际科技期刊投稿规定使用的化学结构式绘图软件。

（3）化学结构式应按照规范书写或绘制。要特别注意：

① 主链或母核的形状、基团的数量应准确无误。

② 化学键与原子的连接位置必须对准。

③ 遇有多原子基团时，化学键应对准直接连接的原子。

示例：

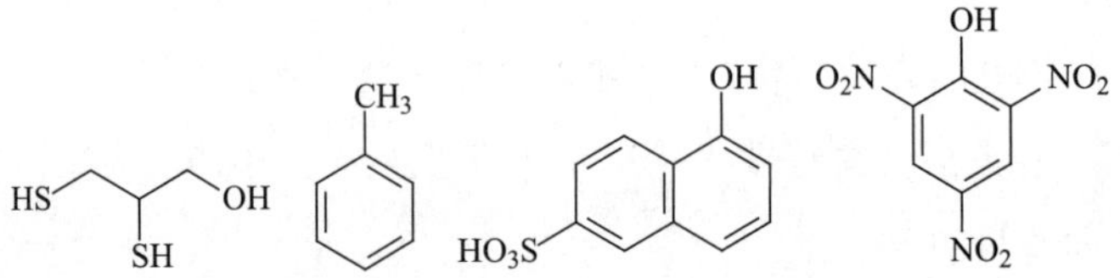

而下面的画法是错误的：

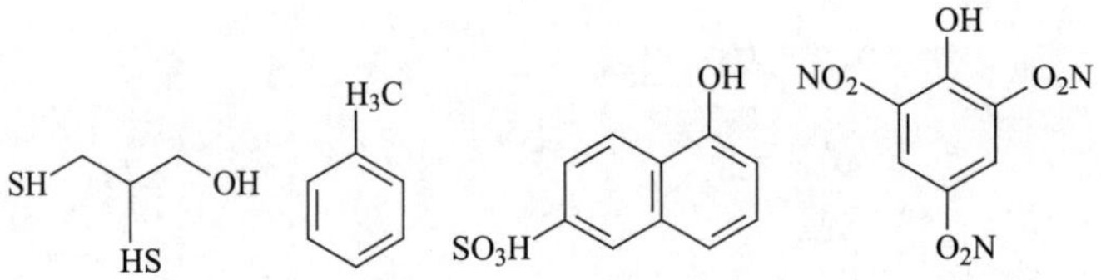

④ 环状化合物中原子是否嵌入环内应明确表示。

示例：

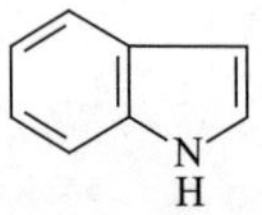

（N嵌入）

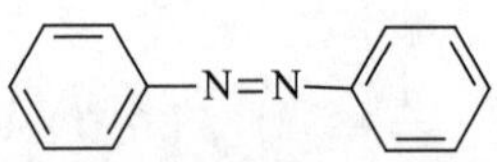

（N不嵌入）

而下面的画法则令人难以辨别N的连接方式：

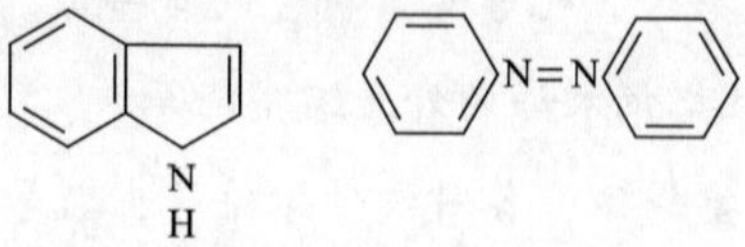

■ 本章小结

1．标点符号

科技论文中标点符号的用法，遵循《GB/T 15834—2011 标点符号用法》。

特别注意：

（1）新标准GB/T 15834—2011与旧标准GB/T 15834—1995的规定有所不同，例如，顿号、连接号、书名号等的用法等，要特别注意其变化。

（2）要注意3种连接号半字线“-”、一字线“—”和浪纹线“～”的使用，在科技论文中容易相互混淆和误用。

（3）在撰写中文科技论文的英文部分（包括英文摘要、英文图表等）或撰写英文科技论文时，必须注意英文标点符号的习惯用法。

2．数字

科技论文中数字的用法，遵循国家标准《GB/T 15835—2011 出版物上数字用法》。

特别注意：

（1）阿拉伯数字和汉字数字两者之间的正确选择。

（2）阿拉伯数字和汉字数字两种形式的正确书写。

3．量和单位

科技论文中量与单位的用法，遵循国家标准《GB 3100—1993 国际单位制及其应用》《GB 3101—1993 有关量、单位和符号的一般原则》及其相关标准GB 3101.1—1993至GB 3101.13—1993。

特别注意：

（1）正确使用量的名称，特别是正确使用“浓度”，谨慎使用“含量”。

（2）量的符号都必须用斜体印刷（pH例外）。正确使用量符号下角标的大小写和正斜体，不能把某化学元素符号或分子式当作量符号使用。

（3）正确使用单位的名称，不要使用“公里”“公斤”“英里”“英尺”“英寸”等不规范的名称。

（4）单位符号要注意区分的大小写，单位符号无例外地采用正体。注意组合单位符号的构成规则。

4．外文字符

特别注意：

（1）外文字符的在以下情况要大写：物理量符号中部分符号，单位符号中来源于人名的首字母和表示10^6及其以上因数的词头符号，化学元素符号的首字母，生物学学名属名首字母，氨基酸缩写的首字母，碱基的缩写，科技名词术语的外文缩写词等。

（2）外文字符的在以下情况要斜体：各种统计学符号，数学中的变量符号，各种物理量的符号（pH用正体除外），化学分子中表示分子构型、构象、旋光性及取代基位置的符号，生物分类中属和种（包括亚种和变种）的学名，表示基因座名的英文缩写，限制性内切酶缩写符号的前3个字母，英文中使用的某些固定拉丁词，外文书名和刊名等。

5．图

科技论文中的插图，遵循《GB 7713—1987 科学技术报告、学位论文和学术论文的编写格式》。

特别注意：

（1）图的类型，主要有线条图和照片图两大类。其中统计图在科技论文中运用很广，包括柱形图、条形图、折线图、饼图、散点图等。

（2）图的构成，每个插图都有三个必备要素（图序、图题、图身）和一个非必备要素（图注）构成。

（3）注意图的自明性、量纲符号、图与文字的关系（图与文字的呼应、图在文中摆放位置等）。坐标图应带有标目和标值，标目说明坐标轴物理意义，量和单位缺一不可；纵坐标标目应按“底左顶右”的顺序竖排。

6．表

科技论文中的表格，遵循《GB 7713—1987 科学技术报告、学位论文和学术论文的编写格式》。

特别注意：

（1）科技论文中的表有系统表、无线表、卡线表与三线表等，其中最常用的是三线表。

（2）三线表由顶线、底线和栏目线构成，每个表格都有4个必备要素（表序、表题、表项、表身）和一个非必备要素（表注）构成。表项的内容编排要注意“项目不能少，主谓别颠倒”。表身的内容编排要注意“单位要归并，数值要规范。”

（3）注意表的自明性、量纲符号、表与文字的关系（表与文字的呼应、表在文中摆放位置等）。

7．数学式和化学式

数学式要特别注意其序号编号和转行规则。

化学结构式要使用ChemDraw或ChemWindow软件正确地绘制。

CHAPTER 5

第5章 科技论文的检查清单

■ 学习目标

了解： 科技论文撰写中的常见错误。

掌握： 科技论文中整体版式、标点符号、数字表达、量和单位、外文字符、图与表格、参考文献、是否空格、半角全角、上标下标、字词术语、语法结构12个方面常见错误的更正与处理。

综合运用： 在学位论文提交前，或在期刊论文投稿前，对照本章列出的项目逐一检查。

本章以检查清单的方式，整理了在科技论文中最容易出现的问题，并选取在修改或评审论文中所遇到的实例作为示例。

本章内容是从检查写作规范的角度出发的，因此所列出的某些检查项目和提醒注意的内容，与前面各章节的内容会稍有重复；即使在本章内的不同检查项目之间，有些内容因检查的角度不同，也会有交叉。对这些问题之所以再三强调和提醒，目的在于减少所提交文稿的疏误。

学生提交给指导老师的学位论文，或作者投稿给期刊的论文，应该主要是让导师或审稿人修改论文的学术内容，而不是让导师或审稿人将过多的时间花在修改论文规范格式等低级错误上。提交不认真修改和检查的论文，既是态度不严谨的表现，也是对导师或审稿人的不尊重。

在将学位论文稿件提交给导师之前，或将期刊论文投稿以前，请作者除了遵循前面4章所要求的各项规范以外，再对照本章所列项目，逐一检查。

5.1 检查项目：整体版式

5.1.1 页边距

Word软件默认的纸型是A4，默认的页边距是上下各为2.54cm，左右各为3.17cm。出现这种怪异的页边距数值，是因为word执行的是美国Letter Size的标准，2.54cm即1英寸，3.17cm即1.25英寸。

这种页边距不一定符合实际需要，通常要根据实际需要进行调整。调整方法为，打开Word 2000或Word 2003，点“文件”→“页面设置”→“页边距”选项卡，进行相应的设置；如果是Word 2007，在“开始”菜单里就有页面设置选项卡。

5.1.2 标题版式

（1）各级标题的编排　章、节层次或标题层次，可分为若干级，一般以不超过4级为宜。

章、节序号或标题序号，一律用阿拉伯数字表示。

1至4级序号的数字之间加下圆点“.”相隔，末位数字后面不加下圆点，并在末位数字与题名之间空一格。如“1　××××”“1.1　××××”“1.1.2　××××”等。

4级以下可用“（1）（2）（3）…”“①②③…”等表示，与题名之间不需要空格。

（2）各级标题的格式　各级标题的字体与字号、段前与段后间距、行距、顶格或缩进、转行或连排等，同一层次的标题在全文中应该一致。

中文序码之后是否用顿号（如“一、”“五、”），阿拉伯序码之后是否用圆点号（脚点，如1.，5.），英文序码之后是否用圆点号（脚点，如A.，a.），全文必须统一。

对于需要自动生成目录的各级标题，应事先设置标题样式。

5.1.3 正文版式

正文中各段落文字的字体与字号、段前与段后间距、行距、首行缩进，全文应该一致。

正文一般首行缩进2字符，在“段落”选项卡中进行设置。

5.2 检查项目：标点符号

5.2.1 新旧标准的区别

修订后的国家标准《GB/T 15834－2011 标点符号用法》与旧标准《GB/T 15834－1995 标点符号用法》的规定有所不同。例如，新标准中规定标有引号或标有书名号的并列成分之间不加顿号，对3种连接号的功能做了归并与划分，明确了书名号的使用范围等，要特别注意其变化。

5.2.2 顿号、逗号、分号、句号、省略号的误用

（1）使用顿号（、）、逗号（，）、分号（；）、冒号（：）时应注意以下几点：

① 顿号、逗号、分号均表示句内停顿，但停顿性质不同。顿号表示的停顿比逗号小，逗号表示的停顿比分号小。

② 分号为句内点号，分号之内不得有句号。

③ 并列的阿拉伯数字、外文字符之间，用逗号隔开，不用顿号隔开。

（2）在中文语句中用中位6点省略号（……，占二格），在外文句子、数学式中用下位3点省略号（...，占一格）。

5.2.3 连接号的误用

注意3种连接号半字线“–”、一字线“—”和浪纹线“～”的使用。

（1）半字线“–”（又称短横线或对开线）主要用于图表序号或公式编号、化合物的名称、连接号码、产品的名称和型号等。

（2）一字线“—”主要用于标示时间或地域的起止、标准代号、化学键等。但表示起止时也可用浪纹线代替，用于标准代号时也可用半字线代替，因此一字线在科技论文中除了标识化学键外，其他极少用到。

（3）浪纹线“～”主要用于标示数值范围、化学式中的高能键。

不规范示例1：从图2—13中可以看出，在烹饪处理过程中，两种水芹对Pb^{2+}最大束缚量变化不明显，吸附量基本在231–270mmol/g之间。

更正：“图2—13”应改为“图2–13”，“231–270mmol/g”应改为“231～270 mmol/g”（或改为“231–270 mmol/g之间”也可，但不推荐）。

不规范示例2：800–1000 r/min离心5 min，转入T—50细胞培养瓶。

更正：“800–1000 r/min”应改为“800～1000 r/min”，“T—50”应改为“T–50”。

5.2.4 书名号的误用

课程、课题、奖品奖状、商标、组织机构、会议、活动等名称，不应该用书名号。比较常见的错误是将课程名称加上书名号。

不规范示例：《食品工艺学》综合性实验教学改革。

更正：此处的食品工艺学指的是课程名称，将书名号去掉。

5.2.5 英文标点符号的误用

在撰写中文科技论文的英文部分（包括英文摘要、英文图表等）或撰写英文科技论文时，标点符号均为半角符号，且不得出现英文中没有的标点符号，如“、”“。”“《》”“～”（……）等。

不规范示例：Objective：To investigate the effect of 8-hydroxydaidzein（8-OHD）on the proliferation、cell morphology、cell growth curve、cell cycle and the protection from oxidative damage of HUVECs *in vitro*。

更正：全角冒号“：”改为半角冒号“:”并在后面空一格；顿号“、”改为半角逗号“,”并在后面空一格。

5.3 检查项目：数字表达

5.3.1 阿拉伯数字与汉字数字的选择

遵循国家标准《GB/T 15835—2011 出版物上数字用法》。

（1）注意区分只能使用阿拉伯数字的场合和只能使用汉字数字的场合。

（2）在选用阿拉伯数字与汉字数字均可时，在科技论文中通常首选阿拉伯数字。

5.3.2 阿拉伯数字与汉字数字的书写

（1）阿拉伯数字表示的年月日、时分秒、数值范围、数值相乘、数值公差、数值并列、数的修约、小数点后的有效位数等，是否有误。

（2）汉字数字表示概数，两数之间不要加顿号“、”。

不规范示例：……二十世纪七、八十年代得到极大发展。

更正：“七、八十年代”改为“七八十年代”。

5.3.3 数字表达年份

（1）在任何时候，1996年不能写作“96年”，2014年不能写作“14年”，一九七八年不能写作“七八年”……

（2）在科技论文中，避免使用“去年”“今年”“明年”“昨天”“今天”“明天”等事后难以查证的时间指代词。

不规范示例：新疆维吾尔自治区政府自今年启动新疆特色餐饮的专项研究工作，本课题承担其项目的主要科研工作。

更正：将“今年”改为写作论文的当年年号，例如本文改为“2011年”。

5.3.4 单位符号前的数值

单位符号前的数字最好为0.1 ~ 1000的整数或小数，当数值过大或过小时，应改用适当词头符号，但应遵守有效数字及数字修约规则。如0.028 kg改成28 g，0.1245 m改成124.5 mm，0.005 mL改成5 μL等。

5.4 检查项目：量和单位

5.4.1 量的名称

（1）不把口语中的“单位＋数”作为量的名称。例如，用“米数”表示长度或高度，用“吨数”表示质量，用“摩尔数”表示物质的量，用“瓦数”表示功率等，都是错误的。把“OD值”作为量的名称也不合适。

（2）“浓度”一词不要滥用，“含量”一词要慎用。

物质的量浓度（简称浓度，c_B）、b（质量摩尔浓度）、质量浓度（ρ_B）、质量分数（w_B）、体积分数（φ_B）几个量的概念必须分清。

“浓度”一词特定地指“物质的量浓度（简称浓度）”。其他含“浓度”一词的量名称，都不能简称为“浓度”，而应使用全称，如“质量浓度”“质量分数”“体积分数”等。

“含量”不是一个物理量，在具体数值的计量中完全不能使用。

5.4.2 物理量的符号

物理量的符号既有小写也有大写，但一律使用斜体字母（pH例外）。

5.4.3 单位的名称

计量单位一律使用国家的法定单位，不要使用不规范表达的单位名称。如“公里”“公斤”“英里”“英尺”“英寸”“加仑”等。

5.4.4 单位的符号

（1）单位符号既有小写也有大写，但无例外地采用正体字母。

不规范示例：l（升），H（小时），Kg（千克），Km（千米），Kpa（千帕［斯卡］）等。

更正：L（升），h（小时），kg（千克），km（千米），kPa（千帕［斯卡］）等。

（2）组合单位符号，是采用斜线，还是采用负指数形式，全文要统一。

不规范示例：3–甲硫基丙醇标准储备液的配制：称取0.002g，置于100mL容量瓶中，用无水乙醇定容至刻度，得到20 mg·L^{-1}的储备液。本实验参照文献报道及预实验结果，选用四甲基吡嗪浓度范围为8～1280 μmol/L。

更正：不要在一篇文章中同时使用“20 mg·L^{-1}”“8～1280 μmol/L”这两个不同的单位表达形式。在学位论文中，使用mg·L^{-1}还是mg/L，全文要统一；在期刊论文中，参照期刊投稿要求。

（3）一个组合单位符号中不得有两条以上斜线，如mg/kg/d应改用mg/（kg·d）或mg·kg^{-1}·d^{-1}。

（4）不要使用错误的或废弃的单位符号。

5.4.5 在数值范围和数值相乘中不能省略的符号

（1）在数值范围中，表示百分数范围时，前一个百分号不能省略。

示例：20% ~30%，不能写成20～30%（20%相当于0.2）。

（2）在量值相乘中，附带长度单位的数值相乘，当表示面积和体积时，长度单位符号不得省略。

示例：20 cm×0.3 cm，不能写成20×0.3 cm（容易误认为0.3 cm的20倍）。

5.4.6 “μ”误为“u”

在从caj格式或pdf格式文本复制到word后，很容易将μL，μg，μmol等中的“μ”复制为“u”，即复制为uL，ug，umol等。

5.5 检查项目：外文字符

5.5.1 外文字符的大写

（1）生物的拉丁文学名，属名的首字母大写，命名人的首字母大写（种加词、变种名或亚种名首字母小写）。

不规范示例：*Flos Magnoliae*，*Portulaca Ooleraceae* var. Sativa

更正：*Flos magnoliae*，*Portulaca oleraceae* var. *sativa*

（2）“升”的单位符号使用大写L。“毫升”和“微升”单位符号中“L”的大小写，目前尚没有统一规定。在学位论文中大小写均可，但全文要统一，推荐使用大写L，即mL（毫升）、μL（微升）；在期刊论文中，如果投稿须知有规定的，要遵守投稿指南要求。

5.5.2 外文字符的小写

（1）附在中译名后的普通名词（非专有名词），首字母一般不需要大写。

不规范示例：羟基蒽醌衍生物有蒽苷（Anthraglycosides）、蒽醌（Anthrapuinone）。

更正：羟基蒽醌衍生物有蒽苷（anthraglycosides）、蒽醌（anthrapuinone）。

（2）酸碱度“pH”中的“p”必须小写。

不规范示例：组织中的有机酸的释放导致PH降低了一个单位，从而加速了叶绿素的降解，加上在烹饪处理中流失以及部分叶绿素溶出所致，但损失率并不大。

更正：“PH”应改为“pH”。

5.5.3 外文字符的斜体

必须使用斜体但容易被忽视的外文字符：

（1）各种统计学符号。在食品类科技论文的文稿中，对各种统计学符号没有用斜体表示，是最常见的错误之一。

（2）所有物理量的符号（pH例外）。

（3）化学分子中表示分子构型、构象、旋光性、取代基位置的符号。

（4）生物拉丁文学名的属名和种加词。生物属种拉丁文学名的属名、种加词、变种名或亚种名为斜体，其余均为正体（包括sp. spp. var. sub.和命名人等）。属名以上的单位，不用斜体。

不规范示例：虎耳草科（*Saxifragaceae*）植物，以及3种植物*Portulaca oleraceae var. sativa*，*Glycyrrhiza sp.*，*Lycium chinense Mill.*等。

更正：该句中的科名“Saxifragaceae”、变种缩写“var.”、未定种缩写“sp.”和命名人“Mill”，均不需要斜体。

5.6 检查项目：图与表格

5.6.1 格式错误

（1）图或表无序号。序号应按图或表在文中出现的先后用从“1”开始的阿拉伯数字连续编号，如“图1”“图2”“图2-2”或“表1”“表2”“表2-2”等。即使一篇论文中只有1幅插图或1张表，也要编序号。

（2）图或表无题名。题名不够准确简短。

（3）图或表与正文没有呼应。

（4）图或表的序号表达不规范。

不规范示例：“图2—2”“表3—5”“表3–5抑菌活性”等。

更正：图序或表序用半字线，“图2—2”“表3—5”改为“图2–2”“表3–5”；序号与题名之间空一格，“表3–5抑菌活性”改为“表3–5　抑菌活性”。

（5）表的横向项目和纵向项目设置不当。

5.6.2 内容错误

（1）图或表的数据与文内不一致。

（2）百分率、百分比计算不精确，小数保留位数不一致。

（3）使用非法定计量单位。

（4）列出了统计检验值和*P*值，但未注明是谁与谁进行比较。

（5）对非公知公认的缩写词不加注说明全称或中文含义。

5.7 检查项目：参考文献

在科技论文的格式中，参考文献的著录是最容易出错的部分。

5.7.1 正文标注

在采用“顺序编码制”著录参考文献时：

（1）如果未提及文献作者，文献序号标注在所引用的概念、观点或句子之后。

（2）如果提及文献作者，编号常直接注在引证作者之后。其中如果引用的是多个作者的文献，文献序号标注在作者“等”“等人”或“*et al.*”之后。

不规范示例：张鹏[9]等人利用TPA模式研究了16种面条品质差异，结果表明……

更正：“张鹏等人”是一个作者项目整体，参考文献序号标注在“张鹏等人”之后，即“张鹏等人[9]”。

对于所提及的文献作者的姓与名，在中文论文中，中文作者写出姓名，欧美作者只写姓；在英文论文中，中外作者均只写出姓。

不规范示例：Mitsuo Takasugi等[2]发现，从受伤的或注射过镰孢霉菌（*Fusarium solani*）的构树根皮中分离出被称为植物抗毒素的物质。

更正：将“Mitsuo Takasugi等”改为“Takasugi等”。

（3）同一处引用多篇文献时，只需将各篇文献的序号在方括号内全部列出，各序号间用“，”。如遇连续序号，可用“–”标注起止序号。

不规范示例：绿色果蔬在贮存、加工、衰老过程中，叶绿素的降解是其色泽褪化的根本原因[95, 96, 97, 98]，也是衡量水芹外观品质的一项重要指标[105][106]。……

更正：参考文献标注“[95, 96, 97, 98]”改为“[95–98]”，参考文献标注“[105][106]”改为“[105, 106]”。

5.7.2 作者姓名

（1）在文后参考文献列表中，个人作者采用“姓在前、名在后”的著录形式。欧美作者的“姓”，首字母必须大写；欧美作者的“名”，可缩写为首字母，大写，但其后一般不需要加缩写点（.）。

不规范示例1：Lena Galvez Ranilla, Maria Ines Genovese, Franco Maria Lajolo. Effect of different cooking conditions on phenolic compounds and antioxidant capacity of some selected *Brazilian bean*（L.）cultivars [J]. Journal of Food Chemistry, 2009, 57：5734–5742.

更正：作者“Lena Galvez Ranilla, Maria Ines Genovese, Franco Maria Lajolo”改为“Ranilla L G, Genovese M I, Lajolo F M”。

不规范示例2：Nihal Turkmen, Ferda Sari, Y. Sedat Velioglu. The effect of cooking methods on total phenolics and antioxidant activity of selected green vegetables [J]. Food Chemistry, 2005, 93：713–718.

更正：作者“Nihal Turkmen, Ferda Sari, Y. Sedat Velioglu”改为“Turkmen N, Sari F, Velioglu

Y S”。

（2）在文后参考文献列表中，一定不要搞错作者的“姓”和“名”及其顺序。务必注意参考文献的来源，如果来源于论文正文，必须将“名前姓后”，改为“姓前名后”；如果来源于文摘数据库或别人论文的文后“参考文献”，一般不需要改动。

示例：对下列来源于论文正文的参考文献著录 [选自Nutrition Research，2007，27（2）：97–103]。

原始文献题名：Ethanol extract of *Gymnema montanum* leaves reduces glycoprotein components in experimental diabetes

原始文献作者：Kunga Mohan Ramkumar, Palanisamy Rajaguru, Muniappan Latha, Rajendran Ananthan

错误表达：引用该文献时, 在文后参考文献列表中将作者写为“Kunga M R, Palanisamy R, Muniappan L, Rajendran A”

更正：应将作者著录为“Ramkumar K M, Rajaguru P, Latha M, Ananthan R.”

（3）有些期刊中在发表论文的作者署名上，加上了学位、职称等信息，著录作者时要去掉。

不规范示例：Handelman GJ, PhD. The evolving role of carotenoids in human biochemistry. Nutrition, 2001, 17（10）: 818–822.

更正：去掉博士学位缩写“PhD”。

（4）在文后参考文献列表中，对作者的著录格式，目前在不同的期刊中要求不一样，许多期刊的要求与国家标准的示例也不一致。但在提交的同一篇论文中，全文要统一。详见“3.4.2.2 著录规范”中“作者项目的统一”。

5.7.3 文献题名

在文后参考文献列表中，文献题名仅仅是第一个字母大写（专有名词除外），还是所有实词首字母都大写，全文要统一。

一般来说，期刊论文名称仅仅是第一个字母大写，图书名称所有实词首字母都大写。

5.7.4 期刊名称

（1）在文后参考文献列表中，英文期刊的名称是采用全称，还是采用缩写，全文要统一。建议在学位论文中列出期刊全称，便于以后投稿时根据期刊要求修改。

不规范示例：

[1] Middleton J R. Biological properties of plant flavonoid: an overview. Int J Pharmacognos, 1996, (34): 344–348.

[2] Havesteen B. Flavonoids, a class of natural products of high pharmacological potency. Biochemical Pharmcology, 1983, 32(7): 1141–1148.

更正：英文期刊名称“Int J Pharmacognos”是缩写，“Biochemical Pharmcology”是全称，在同一篇文章中要统一。

（2）如果英文期刊名称采用缩写，缩写词后面是否加点“.”，全文要统一。

5.7.5 卷期页码

在文后参考文献列表中，卷与期、页码著录要规范。不要将卷号和期号搞混。

不规范示例：袁雪芬，于勇. 大豆异黄酮的抗氧化作用. 预防医学情报，2008，（24）：486–487.

更正：经核查原文，卷期号应改为“24（6）”。

5.7.6 著录符号

在文后参考文献列表中，参考文献中一般不使用全角著录符号，而是使用半角符号，“:”“,”和“.”后面一般空1格。

不规范示例：屠鹏飞，何燕萍，楼之岑. 栽培肉苁蓉的化学成分研究. 天然产物研究与开发，1997，9（2）：7–10.

更正：全角标点符号“，”“（ ）”“：”“–”，改为半角符号并在需要空格处空格。即：

屠鹏飞, 何燕萍, 楼之岑. 栽培肉苁蓉的化学成分研究. 天然产物研究与开发, 1997, 9(2): 7–10.

5.7.7 文献语种

转引在英文论文的参考文献中列出的中国作者的参考文献，务必考证原文是否为中文文献。

不规范示例1:

［正文中］Ji等人[12]研究了枳椇子的水提物对于血液中谷胱甘肽过氧化物酶活力的影响。……Ji等人[17]考察了枳椇子水提物对CCl_4性肝损伤的防治作用。

［文后列表］

[12] Ji Y, Lu H, Yang P. Comparing study of detoxification effects of wine and aqueous extract of *Hovenia dulcis* Thunb on acute alcohol toxicity in mice. Lishizhen Medicine and Materia Medica Research, 2001, 12：481–483.

[17] Ji Y, Lu H. Protective effect of the water extract from *Hovenia dulcis* Thunb. on CCl_4–induced experimental hepatic injury. Lishizhen Medicine and Materia Medica Research. 2002, 13：327–328.

更正：经核查，这两篇参考文献原文均为中文文献，原文献分别为：

嵇杨, 陆红, 杨平. 枳椇酒与枳椇子水提取液解酒毒作用比较研究. 时珍国医国药, 2001, 12: 481–483.

嵇杨, 陆红. 枳椇子水提物对四氯化碳肝损伤小鼠的保护作用. 时珍国医国药, 2002, 13: 327–328.

不规范示例2：

Zheng Minyan *et al*. Studies on the content of flavonoids in Jas Minum Nudif Lorumlindl [J]. Natural Product Research and Development. 2003, 15(6): 494–500.

更正：经核查，该参考文献为发表于中文期刊《天然产物研究与开发》的英文论文。此处将作者名错误著录为“Zheng Minyan”，并将题名错误拷贝为“Jas Minum Nudif Lorumlindl”。正确著录为：

郑敏燕, 魏永生. 迎春花中黄酮类化合物含量的研究(英文) [J]. 天然产物研究与开发, 2003, 15(6): 494–500.

对应的英文题名著录应该为：Zheng M, Wei Y. Studies on the content of flavonoids in *Jasminum nudiflorum* Lindl. [J]. Natural Product Research and Development, 2003, 15(6):494–500.

5.7.8 前后一致

要反复核查正文中引用的参考文献与正文后参考文献列表是否一致。必须确保引用的每一条文献都分别出现在正文中和参考文献表中，并且正文中的标注和参考文献表的条目在序号或著者拼写与日期等项目上要相同。

最好使用文献管理软件（如EndNote）来管理和使用参考文献，手工管理参考文献通常费力且易出错。

5.8 检查项目：是否空格

5.8.1 标点符号之后的空格

中文的全角标点符号之后，不需要空格。

英文的半角标点符号之后，一般需要空格（段落末尾的除外）。

5.8.2 数值和单位符号之间的空格

国家标准GB 3100—1993和GB 3101—1993规定，在数值和单位符号之间，留一半角空格。特别是在英文论文中，必须留一半角空格。

但是，数值与“%”“°C”和带汉字的计量单位之间无需空格。

不规范示例：将提取液2mL置于5mL具塞试管中，加入2mLDPPH和95□%乙醇水溶液，充分混匀，室温静置，30min后用紫外分光光度计在517nm下测定其吸光度*Ai*（以95□%乙醇溶液为参比）。

更正：“mL”“min”“nm”前需空一格，而%前无需空格。

5.8.3 单位符号与分子式之间的空格

为了避免歧义，单位符号和分子式之间需空一格。

不规范示例：1mol/LNaOH，NaCl0.5g

更正：“mol/L”“NaOH”“0.5g”前，各空一格。

5.8.4 参考文献中著录“：”“，”和“.”符号后的空格

一般来说，为了美观和统一，不管是中文文献，还是英文文献，一律用半角著录符号，著录符号“:”“,”和“.”后面一般空一格（段落末尾的除外）。

5.8.5 拷贝文档中多余的空格

直接从caj格式和pdf格式文档拷贝来的文本，经常会在标点符号前后、外文字符前后和数值前后出现大量多余的空格，要特别注意在拷贝粘贴后将多余的空格删除。

5.9 检查项目：半角全角

5.9.1 中文标点符号用全角

（1）在中文论文中，中文标点符号“，”“；”“。”“：”“（ ）”等，全部用全角符号。

（2）要特别注意直接从caj格式和pdf格式文档拷贝来的文本，经常会出现半角符号，要特别注意在拷贝粘贴后修改。

不规范示例1：鲜蔬菜剔除不可食部分, 用自来水、蒸馏水反复冲洗干净, 自然条件下晾干, 洗净、沥干, 取可食部分按日常食用习惯, 切成小片或段或片.

更正：半角逗号“,”改为全角逗号“，”；圆点号“.”改为圆圈句号“。”。

不规范示例2：随着食品工业的快速发展, 焦糖色素是全世界用量最大的食用色素, 广泛用于调味品中.

更正：半角逗号“,”改为全角逗号“，”；圆点句号“.”改为圆圈句号“。”。

5.9.2 英文标点符号用半角

向国外投稿的英文论文，全文不得有任何中文全角符号，否则因国外审稿人的电脑中没有中文平台而出现乱码。在撰写中文科技论文的英文部分（包括英文摘要、英文图表等）或撰写英文科技论文时以及在参考文献（包括中文参考文献）列表中，全部采用英文半角符号。

（1）在英文论文中，希腊字母α、β、γ、δ、μ、υ等，必须用半角符号。

不规范示例：*α*–胡萝卜素含量为10 μg/mL，芳香环：*υ*　1600～1480 cm^{-1}等。

更正：“α”“μ”“υ”改为半角符号。

（2）在英文论文中，温度“℃”、百分号“%”、千分号“‰”、斜杠“/”以及数学运算符号“＋－×÷”等，必须用英文半角符号。为了表达美观，在中文科技论文中，也建议将这些符号改为半角符号。

不规范示例1：…cultured in a humidified incubator with 5％ CO_2 at 37℃.

更正：将中文全角符号“％”和“℃”改为半角符号“%”和“°C”。

不规范示例2：……在其质量浓度为7.5 mg ／mL时对超氧阴离子自由基的消除率达98%。

更正：将“／”改为半角符号“/”。

5.9.3 参考文献中的著录符号用半角

一般来说，为了表达美观和统一，不管是中文参考文献，还是英文参考文献，一律用半角著录符号，“,”和“.”后面空一格（末尾的除外）。

5.9.4 化合物名称中的符号用半角

涉及化合物名称，用半角符号。

不规范示例：8–（1，1–二甲基烯丙基）–5′–（3–甲基丁基–2–烯）–3′，4′，5，7–四羟基黄酮醇，1，8—二羟基蒽醌，K_3Fe（CN）$_6$

更正：将化合物名称内的全角括号和逗号，改为半角符号。

5.9.5 小数点用半角

小数点不要用全角下圆点“．”，要用半角下圆点“.”。

不规范示例：0．1～29

更正：全角下圆点“．”改为半角下圆点“.”。

5.10 检查项目：上标下标

5.10.1 数学上*n*次方的上标

数学上的*n*次方，最常见的是10的*n*次方，切记注意设置上标。如果公式比较复杂，可用公式编辑器。

不规范示例1：三聚氰胺标准储备溶液（1.00×103 mg/L）

更正：10的3次方中的“3”应上标。

不规范示例2：微生物的数量分别为1×109 cfu/mL和2.5×10−6 cfu/mL

更正：10的3次方和−6次方中的“9”“−6”应上标，即“微生物的数量分别为1×10^{9} cfu/mL和2.5×10^{-6} cfu/mL”。错误原因是从其他文档拷贝粘贴后失去了上标格式。

这种错误大多由caj格式或pdf格式文档拷贝粘贴后失去了上标格式，在拷贝粘贴时要特别注意。

5.10.2 化学式中的上下标

书写化学式，切记注意上下标。

不规范示例：Na2SO4和Fe3+

更正：Na_2SO_4和Fe^{3+}

5.10.3 维生素的名称

维生素以英文大写字母A，B，C，D，E等表示，如维生素C、维生素D等。其族内编码以阿拉伯数字下标（如维生素B_1，B_2，B_{12}等）表示。

5.11 检查项目：字词术语

5.11.1 兼用字

有些含义基本相同但字形不同的字词，在科技论文中两者均可使用。对这种情况，要注意全文用字的字形一致。

示例1："其他"与"其它"

"其他"既可用于人，也可用于事物；"其它"只可用于事物。最初只有"其他"这个词，后来出现了"其它"这种不规范的用法，因长期使用而习非成是。在表示事物时，用"其他"与"其它"均可。但《现代汉语词典》和主流媒体都推荐使用"其他"，因此建议使用"其他"而不用"其它"。

示例2："惟一"与"唯一"

"惟"在表示"单单""只"的意义时，常可与"唯"互换，如"惟一""惟利是图""惟我独尊""惟妙惟肖"等词语中的"惟"，均可由"唯"字代替。可见"惟一"和"唯一"是一对异形词，两种写法都不算错。有的学者认为"惟"字是正规用法，但《现代汉语词典》第5版将"唯一"列为推荐词形。

示例3："贮"与"储"

"贮藏"与"储藏"、"贮存"与"储存"、"贮备"与"储备"的意思相同，只是字形与读音不同，"贮"读音为"zhù"，"储"读音为"chǔ"。

5.11.2 易混字

有些含义不同但发音相近或字形相近的字词，在科技论文中不可混用，要注意区分。

在用电脑处理文字时，由于输入法字库选择项太多的问题，很容易产生误用字。有些作者对拿不准的字词不查字典，成文后又不仔细修改，致使文稿中的误用字或错别字时有出现。

示例1："氨""胺"与"铵"

"氨（ammonia）"的分子式为NH_3，常用词如氨水、合成氨、液氨、氨基等。氨基—NH_2、亚氨基—NH—，用"氨"字；胺类和酰胺类作为取代基时，也要用"氨"字，如乙氨基、乙酰氨基等，写作"乙胺基"和"乙酰胺基"是错误的。

"胺（amine）"是氨分子NH_3里的氢部分或全部被烃基取代后的衍生物，其通式分别为R—NH_2，R—NH—R，R_2=N—R，分别称为伯胺、仲胺和叔胺。胺根据结构还可分为脂肪胺、环烷胺和芳香胺。

"铵（ammonium）"以铵离子NH_4^+形式存在，如硝酸铵、氯化铵、碳酸氢铵、磷酸氢二铵等。

铵离子的氢被烃基取代可相应得到季铵盐和季铵碱，写作“季胺盐”和“季胺碱”是错误的。

示例2：“碳”与“炭”

“碳”指的是碳元素，是“看不见，摸不着的”，凡涉及化学元素C的名词均用“碳”，如碳元素、碳原子、碳链、碳环、含碳量、一氧化碳、碳酸盐、碳酸钠等。

“炭”多指一些含多种杂质且以碳为主的具体物质，多数是“看得见，摸得着”的，如煤炭、木炭、焦炭、炭化，以及炭疽杆菌、炭疽病、石炭酸（苯酚的俗名）等。

示例3：“甙”与“苷”

“甙”和“苷”都是glycoside的汉译名。

“苷”字由来已久，在新中国成立以前，无论植物化学还是生物化学一直都统一用“苷”，如碘苷、腺苷等。

“甙”字是在编制1953年版的《中国药典》时新创并在药典中使用的字，例如洋地黄毒甙。此后高校教材也采用了“甙”，该字就在植物化学界推广开了。

但是在生物化学界一直用“苷”。于是出现了这两个字长期并存使用、造成极大混乱的现象。直至1997年，由卫生部药典委员会编的《中国药品通用名称》在“中国药品通用名称命名原则”中明确提出，以“苷”取代过去的“甙”命名。其后国家药典委员会在2006年重新申明，在药品和化学成分中废弃“甙”字，统一改为“苷”。

目前在大量的纸质文献和互联网网页中，仍然存在“甙”字，对此在引用文献时必须注意。

示例4：“脂”与“酯”

“脂”原指动植物所含的油质。常用词如油脂、脂肪、脂肪烃、脂肪醇、脂肪酸、脂链、松脂、脂膏等。有些化合物也称作脂，如树脂、卵磷脂等。

“酯”是通式为R—COO—R′的羧酸衍生物。酯是动植物油脂的主要部分。常用词如乙酸乙酯、酯化、聚氨酯、聚酯、甘油三酯（三酰甘油的旧称）等。

示例5：“原”与“元”

酶原、维生素A原、胶原蛋白、胶原纤维等必须使用“原”，不得写为酶元、维生素A元、胶元蛋白、胶元纤维。

对于糖原，文献中使用“元”和“原”皆有。旧教材用的是“糖元”，现行教材为“糖原”，且在文献资料中大多称为“糖原”。

神经元必须使用“元”，不得写为神经原。

示例6：“证”“症”与“征”

“症”（zhèng）用于描述患者具体的临床表现。中医用法有症见咳嗽、胸闷、咯血等。西医用法有病症、症状、炎症、对症下药、并发症、合并症、高脂血症、高钾血症等。当读音“zhēng”时，是“癥”的规范简化字，中医指腹腔内结块的病，如症结、症瘕。

“证”（zhèng）中医指经过辨证分析归纳后形成的概括性诊断。如热证、寒证、虚证、实证、痹证、气滞血瘀证、辨证施治（注意不是“辩证施治”）等。西医指有临床意义的一类症状或疾病，如禁忌证、适应证。

“征”（zhēng）原意是表露出来的迹象，西医中多用于身体的具体变化或指标，如：体征、指征。其另一用法是“综合征”，指因某些有病的器官相互关联的变化而同时出现的一系列症状，以前曾叫“症候群”。中医中一般不涉及“征”字。

示例7：其他易混字

错误	正确	备注
报导	报道	“报导”和“报道”的意思类同，但“报导”有主动引导读者和舆论之意，“报道”指客观地发布。科技论文中一般写作“报道”
成份	成分	类似的正确用法还有：水分、盐分、灰分、糖分、化学组分、馏分、养分等 “分”表示构成事物的不同的物质或因素 “份”是量词或表示整体中的一部分，如两份、股份
柑桔	柑橘	古代写作“柑橘”，后常被改为“柑桔”，现规范写为“柑橘” 柑橘包括柑、橘、柚、橙四大类
兰色	蓝色	类似的正确用法还有：靛蓝、普鲁士蓝、考马氏亮蓝、亚甲基蓝等 “蓝”主要指颜色，“兰”主要指兰花
水蒸汽	水蒸气	“水蒸气”指特定空间的水以气态存在 “水蒸汽”指特定空间的水以气、液二态同时存在
粘性	黏性	类似的正确用法还有：黏稠、黏度、黏糊、黏质、黏蛋白、黏多糖、黏肽、黏胶纤维、黏膜、黏塑性、黏弹性、黏液、黏滞性、增黏剂等 “黏”读作“nián”，为形容词，表示像胶水或糨糊等所具有的、能使一个物体附着在另一个物体上的性质 “粘”除作为姓氏读“nián”外，均读作“zh ā n”，为动词，表示用黏的东西使物体连接起来，如粘接、粘连、粘贴、粘住等
注录	著录	“注录”为记载、登录，该词极少用到。“著录”指记录、记载，如文后参考文献著录规则

5.11.3 非规范化词

名词术语应标准化。凡已有国家标准或行业标准正式颁布的名词术语，均须按标准统一称谓。

尚未做出规定的名词，可以根据“行业习惯”“约定俗成”等原则自拟或采用比较合理的暂行名词，但必须全稿统一。对于从国外文献引入且国内尚无标准称谓的名词术语在稿中第一次出现时，可加括号注出相应的外文。

示例：常见的非规范化词（按拼音顺序排列）

非规范化词	规范化词	非规范化词	规范化词
白蛋白	清蛋白	胞浆	胞质
白血球	白细胞	标记物	标志物
半寿期	半衰期（T1/2）	层析	色谱

续表

非规范化词	规范化词	非规范化词	规范化词
胆甾醇	胆固醇	络合物	配合物
冰冻切片	冷冻切片	霉菌	真菌
分支杆菌	分枝杆菌	葡萄糖醛酸	葡糖醛酸
辅酶I	烟酰胺腺嘌呤二核苷酸	松果腺	松果体
辅酶Ⅱ	烟酰胺腺嘌呤二核苷酸磷酸	碳水化合物	糖类
辅酶Q	泛醌	糖皮质类固醇	糖皮质激素
辅酶Q_{10}	泛癸利酮	同功酶	同工酶
三酰甘油	甘油三酯	同位素	放射性核素
高血压病	原发性高血压	围产期	围生期
高血脂症	高脂血症	心肌梗塞	心肌梗死
核蛋白体	核糖体	血色素	血红蛋白
红血球	红细胞	芽胞杆菌	芽孢杆菌
坏血病	维生素C缺乏病	甾醇	固醇
机理	机制	中风	脑卒中
酵素	酶	综合症、症候群	综合征
抗菌素	抗生素	总胆管	胆总管
淋巴腺	淋巴结	组织胺	组胺
卵磷脂	磷脂酰胆碱		

5.12 检查项目：语法结构

在论文的语法结构上，检查是否存在以下问题：

（1）全文层次混乱、次序颠倒、内容杂乱；主次轻重不分，中心思想不突出。

（2）段落缺乏单一性和完整性，段落内部结构混乱。

（3）句子结构混乱，词序颠倒，不符合语法规则；主谓不相配，动宾不相合，句子里缺少某个必要的成分。

文不厌修，几乎没有一个作者的文稿是不经过修改而成功的。初稿写成后要认真检查和修改，一般要修改七八次甚至数十次才能定稿。至少要做到“三二一”——初稿写成改三遍，搁置几天改两遍，定稿之前读一遍。

小贴士

检查文稿，最终做到5个统一、5个连续、5个对应、5个核对、5个无问题。

5个统一：格式体例、数字用法、计量单位、名词术语、参考文献统一。

5个连续：各章节标题、插图序号、表格序号、公式编号、页码连续。

5个对应：目录与正文标题、插图与正文、表格与正文、文献与正文、索引与正文对应。

5个核对：核对药物剂量、插图位置、表格数据、文献项目、目录页码。

5个无问题：无政治错误，无泄密内容，无知识产权问题，无违反政策、法律、法规的内容，无封建迷信及伪科学内容。

本章小结

本章从科技论文的整体版式、标点符号、数字表达、量和单位、外文字符、图与表格、参考文献、是否空格、半角全角、上标下标、字词术语、语法结构等12个方面，列出了常见错误的检查清单。

在这12个项目中，除了整体排版、字词术语和语法结构外，其余9个项目属于有国家标准可循的技术规范问题，其中3个（是否空格、半角全角、上标下标）属于纯格式问题，因此在所列出的检查项目中存在相互之间的部分重叠。其相互之间重叠关系如下：

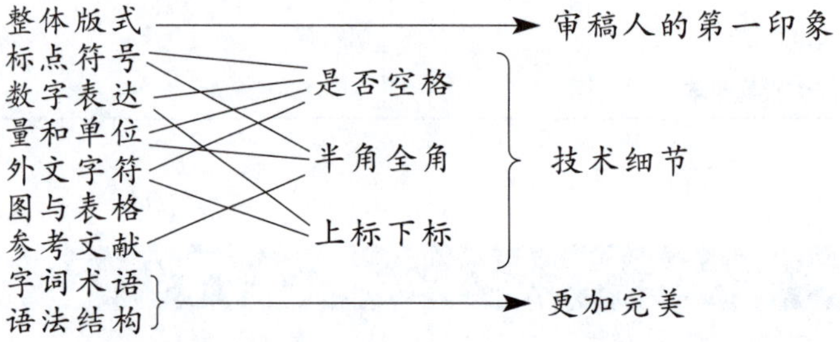

一篇科技论文由诸多要素组成，各个要素也都不是独立的，任何一个要素出错都会影响论文的质量。作者应从文章各方面的特点出发，以严谨的学术态度，找出错误并正确修改。如果检查不仔细，在正式印刷的学位论文或发表的期刊论文中仍然存在错误，就会留下永远的遗憾。

通过对照本章所列项目的检查，做到更有效、更准确地修改科技论文，以增强论文的规范性和及其承载的学术价值。

CHAPTER 6

第6章 学位论文的答辩

■ 学习目标

了解：学位论文答辩的主要目的和一般程序，学位论文答辩前的准备工作、答辩中的汇报陈述、答辩中的回答提问等环节的注意要点。

掌握：制作学位论文答辩幻灯片的注意要点，制作清晰幻灯片的注意要点。

综合运用：根据本章的提示，进行预答辩的演练，圆满完成答辩工作。

6.1 学位论文答辩概述

6.1.1 答辩的主要目的

答辩是“问答式辩论”的简称。毕业论文答辩是在毕业论文作者（以下称答辩人）陈述毕业论文内容后，由答辩委员会成员（以下简称答辩评委）就论文提出有关问题、答辩人当面回答的一种辩论形式。在此过程中有“问”有“答”，还可以有“辩”。

学位论文答辩的目的是为了评估学位论文质量，考查答辩人对所著论文的认知程度和当场论证论题的能力，并帮助答辩人使论文更加完善。

6.1.2 答辩的一般程序

6.1.2.1 答辩之前提交论文

提交论文的文本：所提交的论文文本，应该是经过答辩人仔细修改并经指导老师审定过的文本。但此时提交的文本一般不需要正式装订，因为通常在答辩后还要根据评委的意见进行修改，然后再正式打印装订，提交学位授予单位保存。

提交论文的时间：在举行论文答辩会之前，答辩人应将毕业论文文本提交给答辩委员会。提交的时间最好比答辩时间提前几天，便于答辩评委事先仔细研读论文，拟出要提问的问题。现在常有在举行答辩现场临时提交论文的情况，致使评委一边听答辩人汇报，一边仓促地翻阅论文，一边临时拟定提问问题，令评委应不接暇。

提交论文的数量：应根据答辩委员会的人数确定，通常答辩评委5~7人，答辩秘书1人，应保证答辩评委和答辩秘书人手一册，至少答辩评委人手一册。

6.1.2.2 答辩现场一般程序

第1步：答辩秘书简要介绍答辩评委的姓名、职称、主要研究方向、工作单位，然后请答辩委员会主席主持答辩会。

第2步：答辩委员会主席主持答辩会，简要介绍答辩程序和有关要求。

第3步：答辩人陈述论文主要内容。答辩人在规定的时间内对自己的论文内容进行陈述，包括论文的题目和指导教师姓名、论文的内容框架、课题的选题动机、研究方法、创新结果、分析和结论等。陈述时间一般为：学士学位论文10 ~ 20 min，硕士学位论文20 ~ 25 min，博士学位论文25 ~ 30 min。陈述过程中一般辅助使用幻灯片。

第4步：答辩评委提问，答辩人回答。答辩评委针对论文的内容进行提问，答辩人对评委提出的问题按顺序逐一作出回答。回答问题通常有两种安排方式：一是在答辩评委提完问题后，让答辩人独立准备一段时间，再来回答；二是在答辩评委提出问题后，不设准备时间，要求答辩人立即作出回答。在答辩人回答过程中，答辩评委和旁听人员可以有适当的插问。

第5步：休会合议答辩结果。答辩人陈述和回答完所有问题后，答辩人和旁听人员退场。如果多人进行答辩，则待所有人答辩完成后清场。答辩评委根据论文质量和答辩情况进行合议，交流对论文答辩的意见，拟定答辩决议。然后以不记名投票的方式，对是否同意答辩人毕业和是否建议授予学位分别进行表决，经全体评委2/3以上（含2/3）同意，方为通过。

第6步：复会宣布答辩结果。召回答辩人，由答辩委员会主席当面向答辩人宣读答辩决议，宣布答辩结果。答辩委员会主席有时还会对本次论文答辩的总体情况加以小结，或加以必要的点评。

6.2 答辩幻灯片的制作

在答辩之前，答辩人应制作一份学位论文答辩汇报幻灯片。

答辩所用幻灯片的内容包括：

① 标题页：课题名称、答辩人姓名、导师姓名和职称，也可加上课题资助项目来源。

② 正文页：汇报内容框架、前言（选题动机）、研究内容（材料与方法、结果与讨论、总结）、在读期间科研成果目录、致谢等。

6.2.1 答辩幻灯片的制作要求

学位论文答辩所用的幻灯片，与一般用途的幻灯片相比，既有相同之处，又有其特点。要特别注意以下5个要点：

6.2.1.1 简洁清晰，不要花哨

如何制作简洁清晰的学位论文答辩幻灯片，详见本章下文“6.2.2 清晰幻灯片的制作技巧”。

6.2.1.2 显示编号，便于提问

从菜单栏“插入”→“幻灯片编号”，使幻灯片显示页面编号，便于评委提问是哪一页的问题。

6.2.1.3 构建导航，知其进程

构建“标题导航”和“正文导航”，让听众知道目前讲解的内容在整个幻灯片结构中的位置和讲解的进程。

示例：标题导航

图6–1表示全部内容共5个部分，现在开始讲解“第3部分　大豆苷元转化菌株的种属鉴定”。

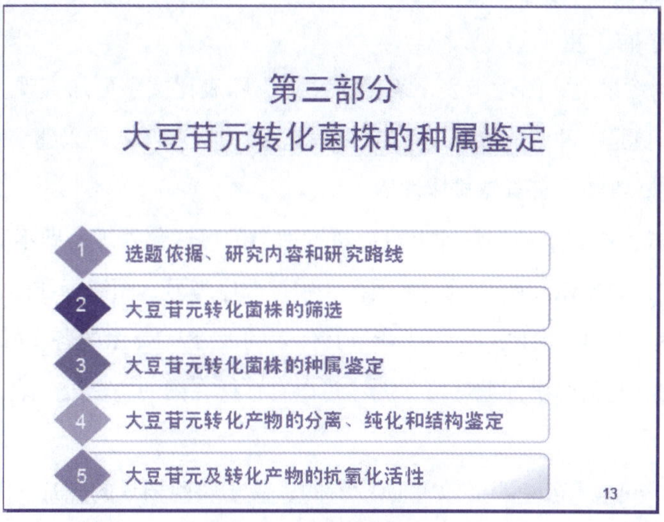

图6–1　标题导航示例

示例：页面导航

图6–2表示正在讲解的内容属于“转化菌的鉴定”。

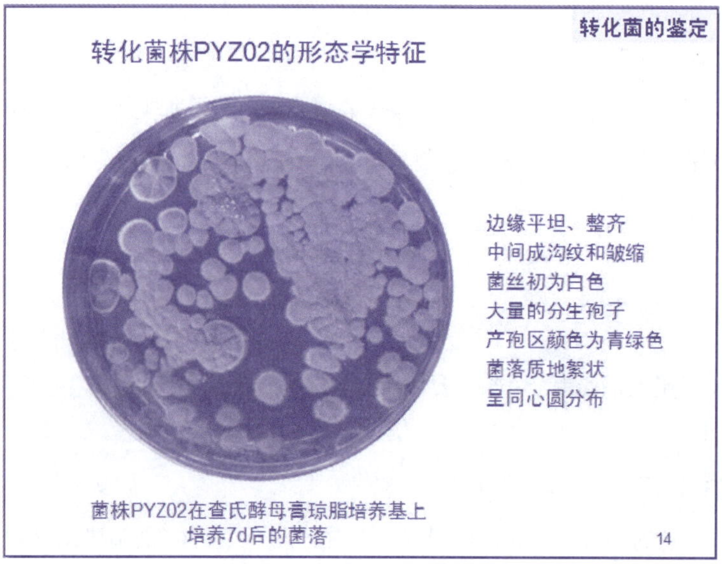

图6–2　页面导航示例

6.2.1.4　根据时间，控制篇幅

幻灯片的总篇幅，根据规定的陈述时间而定。大约1页幻灯片对应1 min，图片表格等可以2页对应1 min。

本科生答辩时间10 ~ 20 min，需要15 ~ 30个幻灯片页面。

研究生答辩时间20 ~ 30 min，需要30 ~ 45个幻灯片页面。

每页8 ~ 10行字或一幅图表。文字不要太多，只列出要点，千万不要将论文的内容全部搬进幻灯片。要对内容高度浓缩，体现亮点。

6.2.1.5　图表穿插，更加直观

在幻灯片的表达效果上，图优于表，表优于文字，图表比文字更加直观。图表不仅是一种直观表达观点的方法，更是一种调节答辩会气氛的手段，可以引起听众的兴趣。对答辩评委来讲，长时间倾听单调的叙述，难免会有听觉排斥性。

① 图和表的格式，在答辩的幻灯片上可以进行适当的可视化处理，即不受论文word文本中格式要求的限制。例如，论文word中的图，必须在文中按顺序编号，图注标在图表的下面，表征结果一般用图注或在文内表述（如HPLC的特征峰及其代表的成分、NMR的各个峰的表征）。而幻灯片中的图，不需要编号，只需给出标题即可，图注可以直接标在图的空白处，表征结果可以直接标在图上等。

② 图片的内容，可以穿插一些论文里面没有的、关于实验场景的图片、实验效果的图片或产品样品的图片。

③ 每张幻灯片上原则上只放一个图或表。如果需要在几个图或表之间相互比较说明问题，则可在一个页面上放几个图或表。

6.2.2 清晰幻灯片的制作技巧

6.2.2.1 幻灯片的4大用途

幻灯片主要有4大用途——学术报告（含论文答辩）、教学课件、娱乐欣赏、商业演示。

对不同类别的幻灯片，制作的要求和评判的标准也不一样。在此介绍的是针对学术报告（含论文答辩）和教学课件幻灯片的制作。

制作教学课件和学术报告幻灯片，最重要的是“清晰”！清晰的标准，是让最后一排观众也能看得很清楚。（你能做到吗？）

牢记：学术报告和教学课件的幻灯片，绝对不能做成娱乐欣赏和商业演示的幻灯片。

6.2.2.2 幻灯片的失败原因

如果你是幻灯片高手，可以尽情发挥你的技巧，将幻灯片做得尽善尽美。

遗憾的是，大多数人不是专业高手，却忽视了“简洁、清晰”的基本要求。特别是初学者，往往喜欢运用花哨的模板，加上声音、动画、超链接……花了很多精力，结果适得其反。

我们在听课、听报告、听答辩中，见识过无数幻灯片，也见识了无数失败。失败之处在于：① 模板花哨，花瓶幻灯片，冲淡主题；② 颜色不当，文字颜色与背景对比不强；③ 字体不当，不会选择字体；④ 字号太小，像视力检查表；⑤ 字数太多，段落太长，看得眼花；⑥ 滥用声音，滥用动画……

6.2.2.3 制作幻灯片被忽视的一个事实

很多人在制作幻灯片时，忽视了一个事实，即幻灯片在电脑上浏览的效果和投影仪播放的效果不一样！

在电脑上看上去很花哨且似乎也很漂亮的幻灯片，往往是到了投影仪上很不清晰；而投影仪上非常清晰的，又常常是那些简洁的、在电脑上看上去似乎很单调的幻灯片。

因此，如果你制作的幻灯片是为了提供在网上传播娱乐，或仅仅在电脑上播放，则可以忽略这个提醒。但如果是制作学术报告或教学课件的幻灯片，就不能忽视这一事实。

6.2.2.4 制作清晰幻灯片的5个要点

制作清晰的幻灯片并不难，只需把握5个要点——模板、颜色、字体、字号、字数，便可以得到色彩清晰和文字清晰的效果。

清晰幻灯片的5个要点
- 色彩清晰
  - 模板
  - 颜色
- 文字清晰
  - 字体
  - 字号
  - 字数

（1）模板　用于答辩或学术汇报的幻灯片，一定要使用简洁明了的模板，显示出严肃认真的学术气氛。不要用太华丽的商务模板。模板太花哨，会影响观众的注意力，从而忽略幻灯片所要表达的实际内容，影响表达过程。

网上和PowerPoint软件自带的幻灯片模板，通常都是供商业宣传和休闲娱乐用的，几乎没有为了教学、学术报告和学位论文答辩而设计的，这些模板尽量都不要用。

最好的办法是自己做一个简洁的模板，不添加任何背景图，设置背景为透明底色（大白板）或浅色底色，预设字体、字号。自己制作幻灯片母版的步骤：新建一个空白文件→“视图”→“母版”→“幻灯片模板”→设置字体、字号、颜色→保存成为母版。

牢记：回归简单！自己设计一个最简洁的模板。如果你不会设计模板，就用大白板做背景，永远不会犯错！

（2）颜色　文字颜色的选择取决于背景的底色。文字的颜色一定要与背景底色形成显著的反差。如果使用透明底色（或浅色底色），则用深色字；如果使用深色底色，则用浅色字。

标题字体的颜色和文本字体要有所区别，同层次标题要用相同字体、字号和颜色。

特殊情况可用与底色较为相近的文字颜色（例如幻灯内的脚注、引用的参考文献、准备一句话带过的内容），避免喧宾夺主。

在同一张幻灯片上，使用不同的色彩的文字可强调重点、增强层次感。但是色彩不宜太杂，同一张幻灯片上的颜色尽量不要超过3种，否则令人眼花缭乱。整个幻灯的配色方式要一致。

牢记：推荐使用透明底色（或浅色底色），使用深色字。如果你不会设置颜色，就用白底黑字。永远不会犯错！

（3）字体　PowerPoint软件默认的字体是：汉字用“宋体”，英文和数字用“Time New Roman”。这两种默认的字体决不推荐使用！

推荐使用：汉字用“黑体”，英文和数字用“Arial”。在采用“黑体”“Arial”字体后，不需要再加粗。

牢记：如果你不会设置字体，就全部用“黑体”和“Arial”两种字体。永远不会犯错！

手机上的文字和影视上的字幕，默认的都是这两种字体。

（4）字号　PowerPoint软件默认的字号为：标题44号、正文32号。这种默认的字号在学术报告（含论文答辩）和教学课件的幻灯片中有些偏大。

作为论文答辩的幻灯片，可以自定义设置为：页面标题32～28号，正文26～22号。字号一般不小于22号，这样观众才能看见。

特殊情况可用小字号（如表格、引用的文献的出处），避免喧宾夺主。

大标题、小标题、正文的字号，要依次减小。同一层次的标题或正文，字号要相同。

行间、段间要有一定的间距，段间距要大于行间距。

牢记：字号宜大不宜小。千万不要把幻灯片做成视力检查表！

（5）字数　幻灯片的总体篇幅大约1 min讲一张幻灯片。做到在每个页面让观众1 min内看完，且不觉吃力。

避免大段文字的堆砌，切忌把word文档中的整段文字粘贴到幻灯片内。

有时不一定用完整句子表达，可以简化成提示性文字。

每张幻灯片文字不能太多，每页尽量不超过8～10行，每行尽量不超过25个字。

牢记：每页字数尽量不超过250字。忌用大段的文字，尽量多分段！凡是看不清楚的、可有可无的文字，统统删除。

6.2.2.5　制作答辩幻灯片的其他细节

（1）内容的布局　避免所有文字在页面中缩在一个小范围内，或文字在页面中“顶天立地”不留边界。

每个页面都是相对独立的，最好每页都有标题，每一页只说明一个问题。当某个要点内容较多，需要分几个页面来表示时，可以在该系列内容的第一页设置标题，后几页可以用“标题（续）”。

当每页内容中又分几小点时，每个小点最好有小标题。

切忌破段分页，即不要将一个段落的文字分开在两个页面中。

（2）图的可视性调整　科技论文word文档中的图的格式，必须严格遵守论文的写作规范，而幻灯片中的图一般不受这一限制。为了使图片更加直观，插入到幻灯片中的图需要进行可视性调整。

（3）表格的处理　在表格中，可能会有很多数据，可把你最需要强调的数据，用醒目的颜色突出出来。每张幻灯片上原则上只放一张表。

（4）特殊效果的运用　超链接、动画及声音、画面切换、装饰性图片、艺术字处理等特殊效果，如果确实需要可适度运用，但不宜太多。

例如，尽量少用动画，除非是为了显示某个流程或强调某个重点或需要逐段显示同一幻灯片上不同内容时才用。切忌滥用动画，每个页面上内容很短时不提倡运用动画。

做一个优秀的幻灯片，还需要很多高级技巧。以上介绍的仅仅是制作清晰的幻灯片的要点。

6.3　学位论文答辩技巧

6.3.1　答辩前的准备工作

答辩人在答辩前，要做好以下准备工作：

6.3.1.1 思想准备

论文答辩是对学位论文成绩进行考核、验收的一种形式，目的只是检查答辩人对自己所写论文的掌握程度和理解程度，并帮助答辩人使论文更加完善，没有哪个评委会故意刁难答辩人。因此，答辩人在答辩前要明确目的，端正心态，树立信心。

6.3.1.2 内容准备

① 内容取舍：答辩人要熟悉并深刻理解学位论文的内容，把握重点，去粗存精，准备好供规定时间内所用的答辩提纲和台词。

② 时间控制：答辩现场一般都对答辩人的陈述时间有限制。在正式答辩前，答辩人对自己的陈述一定要计时演练几遍，掌握各部分内容的时间分配，学会控制时间。答辩人可以事先自行组织预答辩，以便更好地把握内容取舍和时间分配。

6.3.1.3 物质准备

① 答辩幻灯片：事先按照论文答辩的有关要求，制作简洁、清晰的答辩幻灯片。

② 论文文本：答辩人自己手上必须有一份论文印刷文本，可以不加封面，但必须与提交答辩委员会的文本页码一致，便于评委提问或提修改建议时能够找到相应的页面。在回答提问过程中，当遇到一时记不起来的内容时，稍微翻阅一下论文文本，可以避免出现答不上来的尴尬和慌乱。

③ 记录工具：答辩人要携带笔和纸，以便把评委所提出的问题和修改建议记录下来，或在准备回答时简要做思路笔记。

6.3.1.4 预览现场

如有可能，答辩人应事先亲临答辩现场，熟悉现场布置，测试设备（如测试存放答辩幻灯片的U盘或移动硬盘在答辩使用的电脑上是否能正常打开、PPT版本是否兼容等）。

6.3.2 答辩中的汇报陈述

答辩中的汇报陈述总的要求：突出精华，控制时间；陈述清晰，体态端正。

6.3.2.1 突出精华，控制时间

① 突出重点：答辩评委不可能对每一位答辩人的论文内容都有全面的了解，因此答辩人能否围绕主题、紧扣主题进行陈述，就显得非常重要。这就要求答辩人在有限的时间内，要将自己论文的精华部分表达出来。

陈述的内容一般包括：

简介：答辩人姓名、论文题目、导师姓名。其后可以简要介绍本次汇报的主要内容框架。

前言：简要介绍立题依据，即为什么研究这个课题。此外还可以简要介绍全文的研究内容和技术路线。

材料与方法：简单说明重要的实验材料和主要的研究方法。

结果与讨论：重点介绍通过研究发现了什么，特别是创新的结果和主要结论，尽量用图和表。

致谢：可以写上，但不需要照本宣读。建议重点说出对导师的致谢，其他的致谢可以简略一些。

② 控制时间：对答辩人的陈述时间，一般都有时间的要求。答辩人在进行论文内容陈述时，应重视时间的掌握，到该截止的时间立即结束。这样既显得对内容的掌握轻车熟路，也容易给答辩评委一个良好的印象。

一般来说，“简介”“前言”与“材料与方法”3个部分，不超过总时间的1/3；“结果与讨论”部分约占总时间的2/3。

答辩人在答辩前有必要自行组织预答辩，对汇报的内容有时间上的估计。此外，在答辩过程中灵活地减少或增加内容，也是对时间控制的一种表现。

提示

在答辩陈述论文内容环节，要注意“四忌”：

一忌主题不明。要避免内容空泛，没有重点。特别是将过多的时间用在前言上。

二忌照本宣读。要避免一直看着幻灯片的内容照本宣读，将汇报变为“自读”而不是“自述”。

三忌流水账式。要避免记流水账式地说“第一章写了……”“第二章写了……”“第三章写了……”，而不涉及具体内容。

四忌刹不住车。要避免在规定的时间到了还没讲完，拖延太长的时间。这种情况通常是由于对“前言”和“研究方法”的内容介绍太多造成的。

6.3.2.2 陈述清晰，体态端正

① 语音清晰，语速适中：陈述的语音要清晰，要使在场的所有人都能听清；语速要适中，把握轻重缓急。

② 沉着冷静，体态端正：答辩人要沉着冷静，以自信的状态参加答辩。

答辩人要仪态自然。如果答辩人在答辩过程中始终直挺挺地站着，或者始终低头俯视电脑屏幕，会使答辩变得单调。可以适当地运用体态语言，例如手势语言，会显得灵活且自信。要时常使自己的目光望一下答辩评委及会场上旁听者，会使听众更加关注你讲解的内容。

汇报结束，欢迎各位评委提问，使答辩工作顺利进入下一环节。

6.3.3 答辩中的回答提问

答辩人汇报结束后，答辩评委将会提出问题，答辩人进行回答，时间一般为10 ~ 15 min。

回答提问时总的要求：听清提问，边听边记；回答准确，重点突出；不怕问住，有答有辩。

6.3.3.1 听清提问，边听边记

（1）听清提问：评委可能提出的问题一般来源于以下4个方面：

来自课题的问题：提问本论文课题研究涉及到的学术问题，包括选题的意义、课题的新意、重要的观点及概念、材料与方法的实施细节、课题结果与讨论的薄弱环节，以及论文所涉及的有关基本理论、知识和技能等。

来自论文的问题：提问论文书写的规范性（特别是图表的制作规范和参考文献的著录规范）、论文数据的来源、对论文提到的重要参考文献以及有争议的某些观测标准等。

来自幻灯片的问题：提问某些幻灯片中的图片或表格，要求进一步解释。

不太容易预料到的问题：提问答辩人根本未做过或者与课题不直接相关的问题。

不管评委的提问妥当与否，都要耐心倾听，不要随便打断评委的问话。但如果对所提问题没有听清楚，可以请评委再说一遍；如果对所提问题没有听明白，可以请评委再解释一下，或者把自己对这个问题的理解说出来，问清是不是这个意思。

（2）边听边记：在评委提问题时，答辩人要集中注意力认真聆听，并将问题回答记录下来。然后仔细推敲答辩老师所提问题的要害和本质是什么，经过思考再作回答。

6.3.3.2 回答准确，重点突出

评委所提出来的，有些是论文修改建议，不需作答，表示谢谢；有些是提问，则需要一一作答。

回答问题注意的要点：

① 回答准确：要正面回答问题，不转换论题，更不要答非所问。

② 重点突出：要简明扼要，抓住要害，条例清晰，层次分明。不要东拉西扯，使人听后不得要领。

6.3.3.3 不怕问住，有答有辩

（1）不怕问住：答辩评委一般都是本学科的专家，答辩人遇到某个问题被问住是不奇怪的。答辩人如果确实不知如何回答时，应实事求是地表明自己对这个问题还没搞清楚。但不要答非所问，更不要强词夺理。

（2）有答有辩：如果评委的观点与论文中的主要观点相左，答辩人可以与之讨论；如果评委的认识有误，答辩人要敢于维护自己的正确观点。答辩人如果认为自己论文的基本观点是经过自己深思熟虑，又是言之有理、持之有据、能自圆其说的，就不要因为答辩评委提出不同的见解，就放弃自己的观点。有的评委提问的是学术探讨性的问题，是非正误并未定论，持有不同观点的人可以

互相切磋商讨。有的评委提出的与你论文相左的观点，并不一定是他本人的观点，他提出来无非是想听听答辩人对这种观点的评价和看法，或是考察答辩人的答辩能力。退一步说，即使是评委自己的观点，答辩人也应该坚持观点，据理力争。但与评委展开辩论要注意措辞，显示出自己各方面的成熟。

6.3.3.4　答辩之后，修改论文

答辩会后，答辩人要根据评委提出的问题、意见和建议，修改自己的论文，然后正式打印装订后提交学位授予单位。

■ 本章小结

本章介绍了学位论文答辩的目的和主要答辩环节，介绍了学位论文答辩幻灯片的制作要点，以及答辩前的准备工作要点、答辩中汇报陈述和回答提问的注意事项。

1．学位论文答辩概述

学位论文答辩的目的是为了评估学位论文质量，并现场考察论文作者的相关能力。

答辩的一般程序包括答辩人陈述论文、答辩评委提问和答辩人回答、休会合议答辩结果、复会宣布答辩结果等。

2．答辩幻灯片制作技巧

（1）制作学位论文答辩所用的幻灯片，要特别注意以下5个基本要求：简洁清晰，不要花哨；显示编号，便于提问；构建导航，知其进程；根据时间，控制篇幅；图表穿插，更加直观。

（2）制作学位论文答辩幻灯片，最重要的是清晰！制作清晰的幻灯片，最重要的是5个要点：模板、颜色、字体、字号、字数。

模板：自己设计最简洁的模板。如果不会设计模板，就用大白板做背景。

文字颜色：推荐使用透明底色（或浅色底色），使用深色字。如果不会设置颜色，就用白底黑字。

字体：软件默认的字体是汉字用“宋体”，英文和数字用“Time New Roman”，这两种字体决不推荐使用。建议汉字用“黑体”，英文和数字用“Arial”，使用这两种字体后，不需要再加粗。

字号：字号宜大不宜小，正文字号一般不小于22号。

字数：每页尽量不超过8～10行，每行尽量不超过25个字。

3．学位论文答辩技巧

（1）答辩前的准备工作，应认真做好答辩内容的准备工作和答辩材料的准备工作，包括思想准备、内容准备、物质准备和预览现场。

（2）答辩中的汇报陈述，要注意突出精华，控制时间；陈述清晰，体态端正。

（3）答辩中的回答提问，要注意听清提问，边听边记；回答准确，重点突出；不怕问住，有答有辩。

CHAPTER 7

第7章 国际期刊的投稿

■ 学习目标

了解：国际科技期刊投稿的基本流程，选择目标期刊的方法，在线投稿的方法。

掌握：投稿须知的获取和阅读，投稿信和修回说明的撰写方法。

综合运用：根据本章的介绍，能够完成期刊论文投稿和稿件退修等工作。

在各个学位授予单位所规定的毕业条件中，对研究生（特别是博士研究生）通常有发表期刊论文的要求，并且通常将研究生发表期刊论文的成果与评奖评优挂钩。因此，对于理工科的研究生来说，了解期刊论文的投稿方法是非常有必要的。

由于国内期刊的投稿流程相对来说比较简单且容易理解，因此本章重点介绍国际科技期刊的投稿流程和注意要点。

国际期刊投稿的基本流程，包括选择目标期刊（select the target journal）→准备稿件（preparing manuscript）→提交稿件（submit manuscript）→编辑处理稿件（with editor）和专家评审（under review）→稿件退修（revise）→接收或被拒（accept or reject）（图7–1）。

本章按照国际科技期刊投稿流程的顺序，对各个主要环节分别进行简要介绍。

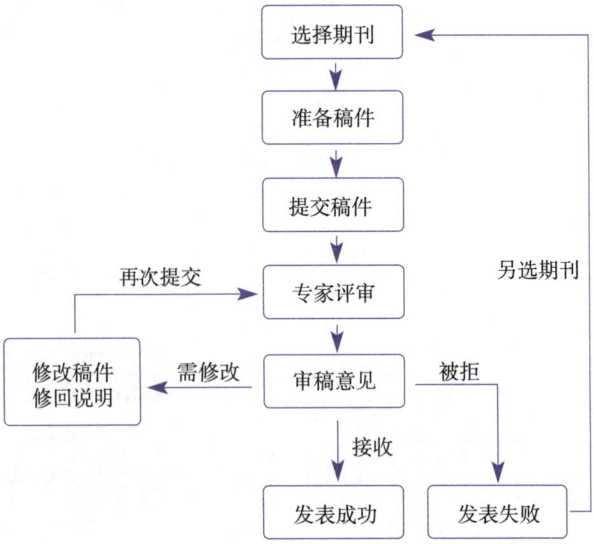

图7-1 国际期刊投稿的基本流程

7.1 锁定期刊

7.1.1 选择目标期刊

在向学术期刊投稿前，首先要选择并锁定拟投稿的目标期刊。

7.1.1.1 依据文章内容和创新程度选择期刊

① 根据研究内容，确定目标期刊的范围：根据拟投稿论文的研究内容，参照本课题研究过程中所阅读过的相关参考文献以及发表过这一类论文的期刊，可初步筛选出可供候选的期刊或期刊群。

② 根据创新程度，确定目标期刊的层次：根据拟投稿论文的创新程度，对照本专业领域已经发表的论文，判断该论文在创新性上达到了什么层次的期刊要求，是SCI收录期刊或EI收录期刊，还是本学科核心期刊或统计源期刊。

7.1.1.2 鼓励向国外期刊投稿

如果达到一定创新程度的一篇文章，既可能发表在国内期刊，也可能发表在国外期刊，那么可优先选择国外的期刊。其原因：

① 国内高层次期刊的版面有限，投稿人太多。

② 国内期刊影响因子一般都偏低。

③ 大多数国际期刊都不收版面费。

④ 国际期刊从送审到发表，周期一般都比较短。

7.1.2 了解目标期刊

7.1.2.1 通过期刊本身了解

通过目标期刊本身，特别是该期刊的投稿须知，了解该期刊的宗旨和范围，包括刊载文章类型、读者对象、当前热点等。

7.1.2.2 通过作者评价了解

通过网上介绍，了解该期刊的声誉和影响因子等；通过有关学术论坛的介绍，了解其他投稿人对该期刊投稿情况的反映和发稿周期等。

7.1.3 熟悉投稿要求

7.1.3.1 研读投稿须知

① 获取投稿须知：每一份公开出版的期刊都会有详细的“投稿须知”或“投稿指南”。“投稿须知”在英文期刊上的表述有多种，常见的有Authors’ Guidelines，Guidelines for Authors，Instructions to Authors，Information for Authors，Advice to Contributors，Advice to Authors等。

在确定目标期刊后，可从该期刊的印刷本中，或从该期刊网站的主页（homepage）上，获取该刊的“投稿须知”。

② 阅读投稿须知：各个期刊的投稿要求不尽相同，必须仔细研究拟投稿期刊的投稿须知，明确该期刊的论文体例，以及对标题、图表、符号、参考文献格式、文稿排版等要求。

从撰写论文的第一稿开始，就按照投稿须知的要求撰写。这样做既能节省编辑和审稿人的时间，也能节省作者自己的时间。所有的编辑和审稿人都不愿意在准备不充分的稿件上浪费时间。作者提交不规范的稿件，也是对编辑和审稿人的不尊重。

7.1.3.2 参照论文样稿

在图书馆或者网上查找该期刊近几年发表的论文作为样稿，或者向编辑部发email索取最近发表的论文作为参考。阅读论文样本并在写作论文时参照其格式。

7.1.3.3 下载格式模板

有的期刊在其主页上提供相应的论文格式模板，如word模板（*.doc格式）和latex模板（*.tex格式）。可下载后利用Word软件或Latex软件撰写所要投稿的论文。

在撰写时不要轻易修改模板中的格式，除非某些格式不符合要求。

7.2 准备稿件

7.2.1 文稿的准备

7.2.1.1 国际期刊审稿人对高质量稿件的看法

（1）论文具有原创性和创新性。

（2）题目合适，摘要规范，图表清晰可靠，精选参考文献。

（3）英语表达好，语法拼写错误少。

7.2.1.2 国际期刊编辑对作者的建议

（1）论文要投对期刊（scope and prestige），每次只投一种期刊。

（2）注意文章的框架结构、内容和格式要符合期刊的要求。

（3）英语表达要流畅。

（4）不要忽视抄袭、剽窃、数据造假等学术道德问题。

7.2.1.3 国际期刊编辑抱怨最多的论文细节问题

（1）题名和摘要含混不清或不科学。

（2）关键词缺失或者不合乎期刊的规范。

（3）参考文献数量不当或过时。

（4）低质量的图片和无意义的说明。

（5）论文的语言不清楚，不具有客观性、准确性、简洁性。

（6）忽视了期刊的投稿要求。例如，投稿须知中的刊载论文范围、读者对象、双倍行距、图与表、行号、表格放在后面等要求。

（7）论文组织论证严密，逻辑性强；具有可读性，条理清晰，有影响力。

7.2.1.4 国际期刊编辑对来自中国稿件的看法

（1）大量优秀的科技论文来自中国。

（2）但是存在下述严重问题：一稿多投，论文已经在中文期刊上发表，剽窃（尤其是论文中某一部分存在剽窃）。

（3）下列问题更加常见：论文研究内容超出期刊范围，格式不符合投稿须知的要求，英语写作水平不够，推荐不合适的（或不推荐）审稿人，对审稿人的意见没有恰当的反馈，退稿后不加修改即再次投稿。

7.2.2 文稿的结构

7.2.2.1 文稿的结构顺序

Title page

Abstract & Keywords

Introduction

Materials & Methods

Results

Discussion

Acknowledgements

References

Tables and Figures

注意：

（1）文稿一般按上述顺序。但也有例外，有的期刊为了突出创新的内容，要求把结果和讨论前置，把材料和方法后置。

（2）表和图要单独放到文稿后，原则上每页一图或一表，这与正式发表不同。

7.2.2.2 文稿的结构要点

Title：论文题目应醒目、准确，而不要含糊其辞。

Introduction：介绍研究背景，清楚地表达为什么要进行本研究。长度一般控制在一个页面内，引用文献一般在15条内。

Materials & Methods：要特别注意研究方法是否合理，本方法目前在国际上是否通用。要特别注意方法中可能存在的小的漏洞。

Results：结果是文章中最为重要部分，要求图件和表格清晰，文字解释合理。

Discussion：对本文结果进行讨论，并与同类研究结果进行比较。对文中结果涉及的可能机制不要展开讨论太多，不要进行推理讨论。注意结论应客观，不要夸大。

References：注意参考文献格式。应尽量引用最新的参考文献。如有可能，可适当引用拟投稿期刊近两年发表的文章。

7.3 提交稿件

7.3.1 投稿信的撰写

投稿信（cover letter）是投稿必需的文本。在投稿前，应事先拟写一份投稿信。

7.3.1.1 投稿信的内容

① 主要内容：投稿信的主要内容包括：文稿的作者和题目，文章的主要创新点或结论；通信作者的email、地址、电话号码、传真号码等联系方式。

② 次要内容：有的期刊要求在投稿信中声明或承诺：未一稿多投，文稿内容真实，所有列出作者均对文稿有贡献且同意送稿。

7.3.1.2 投稿信示例

示例1——比较简单的Cover Letter模板

Dear Dr. ×××：

Enclosed is a manuscript entitled "××× ×××"（MANUSCRIPT TITLE）by ×××（RESEARCHER NAME）, which we are submitting for publication in the journal of ××××××（JOURNAL NAME）. We have chosen this journal because it deals with ×××××××. We believe that sth would be of interest to the journal' s readers.

Sincerely,

××× ×××

示例2——比较简单的Cover Letter模板

Dear Professor ×××,

Enclosed is our manuscript entitled "××× ×××"（MANUSCRIPT TITLE）, which, we hope, could be accepted for ××××××（JOURNAL NAME）based on its description of ×××××××××. Thank you in advance for your patience and attention.

I am looking forward to hearing from you.

Sincerely yours,

××× ×××

示例3——可以通用的Cover Letter模板

Dear editors：

This is a manuscript by ×××××（RESEARCHER NAME）and entitled "××× ×××"（MANUSCRIPT TITLE）. It is submitted to be considered for publication as a "full length article" in your journal. This paper is new. Neither the entire paper nor any part of its content has been published or has been accepted elsewhere. It is not being submitted to any other journal. We believe the paper may be of particular interest to the readers of your journal as it provides a simple and convenient methodology to predict mechanical property of ×××××××××××.

Correspondence should be addressed to ××× ×××（CORRESPONDING AUTHOR NAME）at the following address，phone and fax number，and email address：

Address：×××××××××××××

Phone：×××××××××××××

Fax number：×××××××××××××

E-mail：×××××××××××××

Thanks very much for your attention to our paper.

Sincerely yours，

××× ×××

示例4——可以通用的Cover Letter模板

Dear Dr. ×××：

Please find enclosed for your review an original research article，"××× ×××"（MANUSCRIPT TITLE）by ×××（RESEARCHER NAME）. All authors have read and approve this version of the article，and due care has been taken to ensure the integrity of the work. No part of this paper has published or submitted elsewhere. No conflict of interest exits in the submission of this manuscript，and we have attached to this letter the signed letter granting us permission to use Figure 1 from another source.

We appreciate your consideration of our manuscript，and we look forward to receiving comments from the reviewers.

Sincerely，

××× ×××

示例5——可以通用的Cover Letter模板

April ××，2015

JOURNAL EDITOR NAME

Editor-in-Chief

NAME OF JOURNAL

Dear Dr. JOURNAL EDITOR NAME：

I am submitting the manuscript "××× ×××"（MANUSCRIPT TITLE）by ×××（RESEARCHER NAME）for consideration for publication in ××××××（JOURNAL NAME）. I confirm that the manuscript has not been published or under consideration for publication elsewhere. Further，this submission has been approved by the institution where the study was conducted. Correspondence concerning the manuscript should be to the author，×××（RESEARCHER NAME）. I look forward to learning your response to our submission.

Sincerely,

RESEARCHER NAME，Ph. D.

E-mail：×××××@×××.edu.cn

UNIVERSITY NAME，DEPARTMENT，AND ADDRESS

示例6——可以通用的Cover Letter模板

Dear Dr. ×××：

Here within enclosed is our paper for consideration to be published on ××××××（JOURNAL NAME）. The further information about the paper is in the following：

The Title：×××××××××××××××××××××××××××××××××

The Authors：×××××××××× ×××××××××××× and ××××××××××

The authors claim that none of the material in the paper has been published or is under consideration for publication elsewhere.

I am the corresponding author and my address and other information is as follows：

Address：××××××××××××××××××××××××××

E-mail：××××××××××××

Tel：+86–×××–××××××××

Fax：+86–×××–××××××××

Thank you very much for consideration!

Sincerely Yours，

Dr. ×××

示例7——Cover Letter实例

Dear Dr. ×××：

Enclosed are three copies of a manuscript by Rose N. Dipaola，Donna A. Gallo，and Tom N. Roberts titled "Hepatitis C Virus Infection in Long-Term Transfusion Patients" . It is submitted to be considered for publication as a "Original Article" in your journal. This paper is neither the entire paper nor any part of its content has been published or has been accepted elsewhere. It is not being submitted to any other journal.

We believe the paper may be of particular interest to the readers of your journal because the study it reports stated the HCV infection rate among long-term transfusion patients is higher than that of the general population and of short-term transfusion patients.

Correspondence and phone calls about the paper should be directed to Rose N. Dipaola at the following address，phone and fax number，and e-mail address：

Rose N . Dipaola，MD

Institute of Internal Medicine

Cleveland Clinic Foundation

9500 Euclid Ave.

Cleveland，OH44195，USA

Tel: 1–216–444–5360

Fax: 1–216–444–9580

E-mail: dipao@cesmtp.ccf.org

Thanks very much for your attention to our paper.

Sincerely yours，

Rose N. Dipaola

7.3.2 投稿一般程序

投稿主要有3种方式：纸质投稿、email投稿和在线投稿。

纸质投稿一般需要将稿件打印2～4份，然后邮寄给期刊编辑部。过去国内外期刊的投稿均采用这种方式，现在越来越少。

Email投稿就是将论文通过邮箱以附件形式将稿件电子文本发给编辑部。这种投稿方式国内外期刊都有，但随着网络技术的发展，email投稿逐渐被网上在线投稿所取代。

在线投稿就是利用期刊网站上设立的在线投稿系统，将论文在线提交。现在大多数期刊均设有网上在线投稿系统，特别是一些著名出版公司（例如Elsevier Science，Wiley-Blackwell，Spinger，ACS等）的各种期刊，已经完全采用在线投稿方式投稿。

以下重点介绍网上在线投稿的方法。

7.3.2.1 在线投稿一般程序

进入出版公司主页→找到拟投稿期刊→进入该期刊的论文投稿系统→阅读“投稿须知”→申请账号注册→登录系统→按照提示，一步步地完成各个提交项目。

7.3.2.2 实例 Elsevier Science在线投稿

以投稿*Journal of Genetics and Genomics*为例。

① 期刊主页和投稿须知（图7–2）。

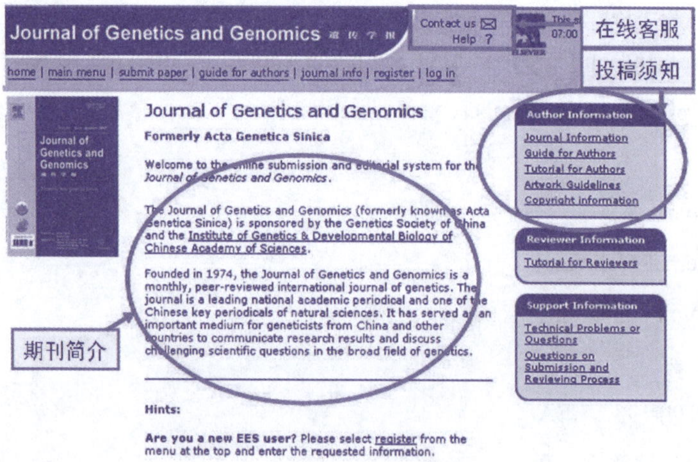

图7–2 期刊主页和投稿须知

② 初次使用需注册/登录（图7–3）。

③ 投稿人的主页（图7–4）。

④ 稿件源文件需分别上传（图7–5）。

⑤ 系统将稿件生成PDF文件（图7–6）。

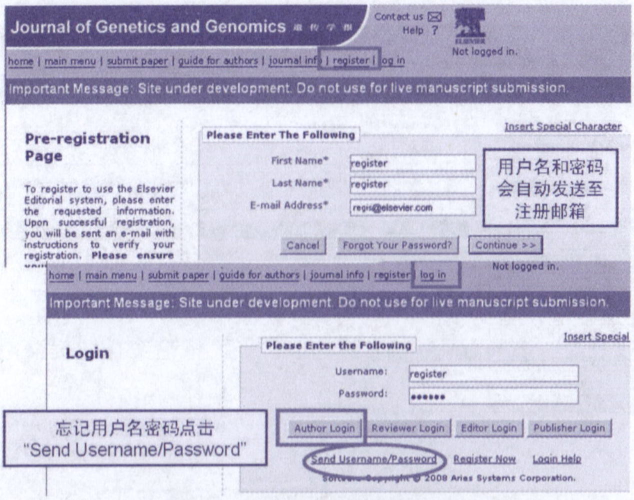

图7–3　初次使用注册/登录

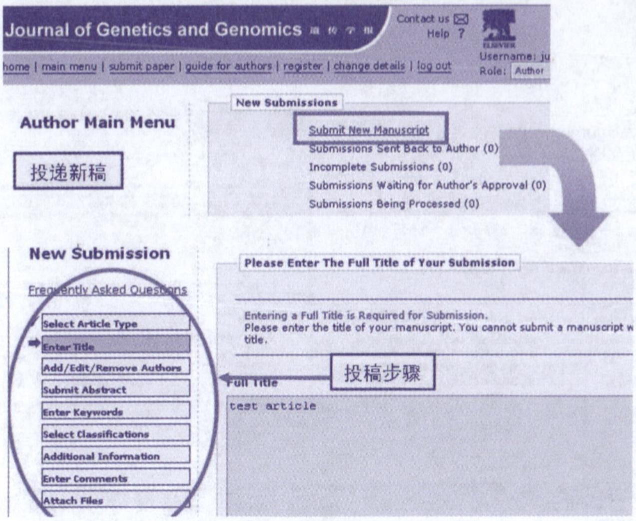

图7–4　投稿人的主页

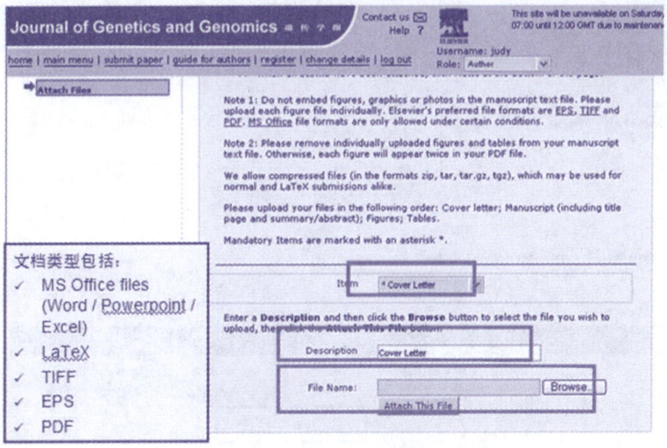

图7–5　分别上传稿件文件

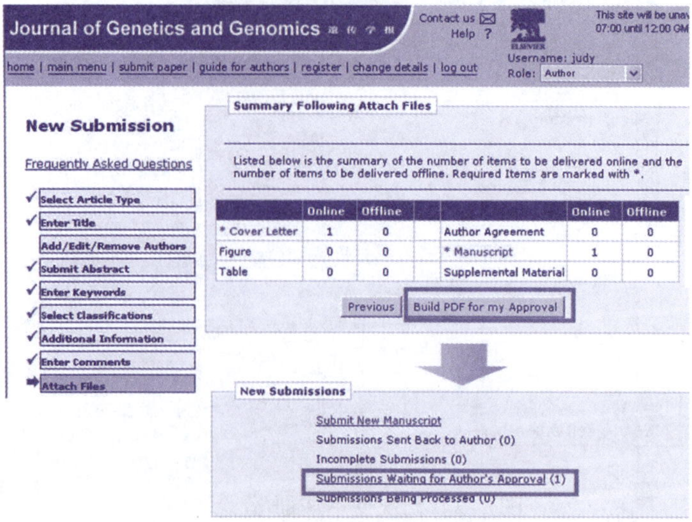

图7-6　系统将稿件生成PDF文件

⑥ 确认投稿（图7–7）。

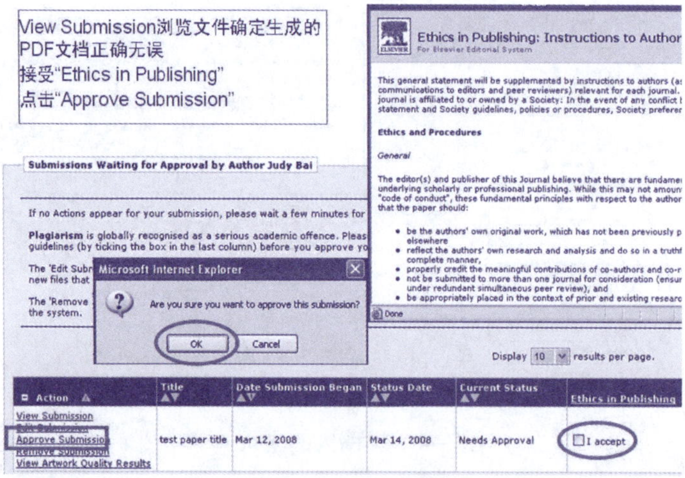

图7–7　确认投稿

⑦ 追踪稿件状态（图7–8）。

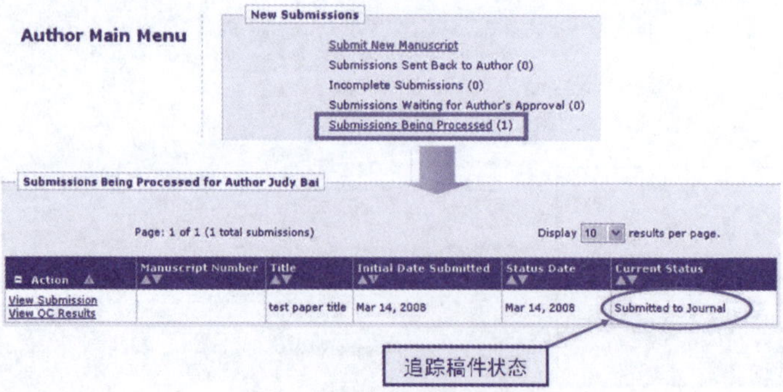

图7–8　追踪稿件状态

⑧稿件修改（图7–9）。

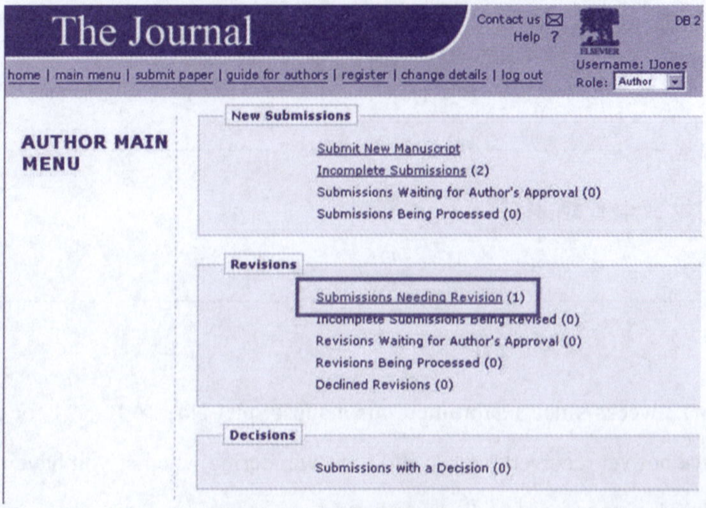

图7–9　稿件修改状态

7.3.3　投稿后的查询

7.3.3.1　询问有无收到稿件

询问有无收到稿件的函件，多用于过去的纸质投稿和email投稿。现在网上在线投稿可以直接看到投稿状态，一般不需要询问是否收到稿件了。

示例1

Dear Editors:

We dispatched our manuscript to your journal on 3 August 2006 but have not，as yet，receive acknowledgement of their safe arrival. We fear that may have been lost and should be grateful if you would let us know whether or not you have received them. If not，we will send our manuscript again. Thank you in advance for your help.

Sincerely yours，

××× ×××

示例2

Dear Prof. ××××:

I submitted a manuscript entitled“××× ××× ××× ×××”to you on November 20，2002.

I have no information about this manuscript up to date. Please tell me whether you have received this manuscript or not. If you have not received, I'll send to you again.

I am looking forward to hearing from you.

Sincerely yours,

××× ×××

7.3.3.2 询问论文审查结果

示例1

Dear Editors:

It is more than 12 weeks since I submitted our manuscript (No: ×××) for possible publication in your journal. I have not yet received a reply and I am wondering whether you have reached a decision. I should appreciated you letting me know what you have decided as soon as possible.

Sincerely yours,

××× ×××

示例2

Dear Editor:

I have submitted my manuscript to your journal (ID: xxxxx) at Dec 19, 2014, I wish to know the results of the reviewers and I will be appreciated if you could inform me as soon as possible.

Thanks for your time and consideration.

Best Regards,

××× ×××

7.4 专家评审

7.4.1 同行专家评审

有的期刊要求作者在投稿时推荐几名备选的评审专家。作者可在近几年发表的与本课题有关的学术论文中寻找评审专家，选择论文的作者（特别是其中的通讯作者）作为评审专家。

如果作者没有推荐评审专家，通常由编辑根据论文内容指定。

一篇文稿一般由2～3名同行专家评审，对作者来说是匿名的。编辑和评审专家会确保稿件内容不外泄。评审过程严格参照“投稿须知”进行。

7.4.2 收到评审意见

在同行专家评审完毕后，作者通常会收到主编的来函和审稿人的意见（reviewers' comments）。

一般来说，主编的来函会明确告诉作者文章是否接收（accept，acceptable，accepted ...）。如果没有明确是否接收，从主编的来函和审稿人的意见中可判断文章录用的可能性有多大。

示例：主编来函示例——实例

---

23 February 2003

Paper ST/2003 Lignans and tannins from *Alchornea davidii* (Euphorbiaceae) and their chemotaxonomic significance

Dear Prof. Dr. Cui:

Your paper has now been review and on the basis of the comments of the reviewers I can accept it subject to you undertaking revision as noted on the copy of the manuscript and in the enclosed report. Please respond to all of the points made.

The revised paper（**2 copies**）should be accompanied by a letter in which the responses to referees are explained. **Please also be sure to return the marked copy of the original manuscript.**

This journal is now publish directly from disk and your revised manuscript should be accompanied by a disk of the final version together with information on the equipment and programmes used on the accompanying form.

With best wishes,

Perter G. Waterman

示例：审稿人意见示例1——实例

Referee's Comments

The paper describes the isolation of nine phenolic compounds from the title plant，never studied before and the chemotaxonomic significance of these constitucnts. For the compounds pinoresinol and its monomethyl derivative (**1** and **2**) the authors suppose the isolation racemic forms, but the analytical methods used do not permit to state this hypothesis that must be clarified by optical rotatory and HPLC with chiral column data. So I suggest to indicate the compouhds without configuration or to verify better the true situation. Consequently the discussion too must be modified.

The reference for the compound **3** is incorrect, I suggest to indicate: Chiba K, Yamazaki M, Umegaki E, Li MR, Xu ZW, Terada S, Taka M, Naoi N, Mohri T., 2002. Biol Pharm Bull., 25 (6): 791.

The compounds **5** has been isolated from *Bohemeria tricuspis* too; see: Takemoto T, Miyase T, Kusano G. Boehmenan, a new lignan from the root of *Boehmeria tricuspis*. Phytochemistry, 1975, 14 (8), 1890–1891

The lignans have been isolated also from *Euphorbia* genus; see: Kong LY, Min ZD., 1996. Studies on chemical constituents of roots of *Euphorbia pekinensis*. Acta Phram Sin., 31 (7) .524–529

If this paper is a "New source report", the references must be without title and with the number of the first page only.

Anyway the paper, with the suggested corrections, can be accepted (with revision).

示例：审稿人意见示例2——实例

---

1. This is a carefully done study and the findings are of considerable interest. A few minor revision are list below.

2. This is a well-written paper containing interesting results which merit publication. For the benefit of the reader, however, a number of points need clarifying and certain statements require further justification. There are given below.

3. Although these observation are interesting, they are rather limited and do not advance our knowledge of the subject sufficiently to warrant publication in PNAS. We suggest that the authors try submitting their findings to specialist journal such as …

4. Although this paper is good, it would be ever better if some extra data were added.

5. This manuscript is not suitable for publication in the journal of – because the main observation it describe was reported 3 years ago in a reputable journal of …

6. Please ask someone familiar with English language to help you rewrite this paper. As you will see, I have made some correction at the beginning of the paper where some syntax is not satisfactory.

7. We feel that this potentially interesting study has been marred by an inability to communicate the finding correctly in English and should like to suggest that the authors seek the advice of someone with a

good knowledge of English，preferable native speaker.

8. The wording and style of some section，particularly those concerning HPLC，need careful editing. Attention should be paid to the wording of those parts of the Discussion of and Summary which have been underlined.

9. Preliminary experiments only have been done and with exception of that summarized in Table 2，none has been repeated. This is clearly unsatisfactory，particularly when there is so much variation between assays.

10. The condition of incubation are poorly defined. What is the temperature? Were antibody used?

7.5 稿件退修

几乎每一篇已经发表的论文，在发表前都被退给作者修改过。被要求修改论文是个好消息，说明你的文章没有被拒稿，已经进入正常出版流程。

作者必须根据主编和审稿专家的意见，认真修改稿件。

7.5.1 修改稿件

修改稿件要注意以下问题：

7.5.1.1 注意截至的时间

论文在审稿后如果被通知修改，会有一个修改论文提交的截至日期。一定要明确修改的期限，保证在规定时间内完成修改并上传修改的论文。但尽量不要拖到最后一天再提交，否则审稿人可能会认为作者太匆忙，有可能工作没做好。

7.5.1.2 注意修改的内容

反复阅读、完全读懂审稿人的评审意见，明确哪些是必须修改、补充或解释的，哪些是可以不予理会甚至找个理由直接拒绝的。

（1）对于必须修改、补充或解释的，必须认真地逐条修改、补充或解释，来不得半点马虎。对于审稿人推荐的文献，一定要引用，并讨论透彻。

（2）对于可以不予理会甚至找个理由直接拒绝的意见，有以下情况：

有的审稿意见是认为怎么样会更好或更有意思，对于这样的意见可以不予理会；

有的审稿意见是要你补充一些实验，如有可能应尽量补充，如不能也不要回避，说明不能补充的合理理由；

有的审稿意见的评论或评价有可能是错误的。如果要对审稿人的问题或质疑进行反驳，则一定要有充分有力的证据，例如引用其他人已发表的论文的观点，或学术界公认的结论等。

（3）不管审稿意见是否正确，针对审稿人的每一个问题都要做出回复，不能忽视任何一个。

7.5.2 修回说明

7.5.2.1 修回说明的作用

修回说明又称为答辩函，是给主编和审稿人看的回复函件，目的是让主编和审稿人能够快速地知道论文的哪些地方做了哪些修改，以及作者是怎么回答审稿人提出的问题的。主编和审稿人不必再去阅读修改的论文，直接阅读修回说明就能知道作者所做的一切了。

7.5.2.2 修回说明的内容

修回说明一般包括给主编看的内容和给审稿人看的内容。

（1）给主编的回函：对他们给文稿提出修改意见表示感谢。告诉主编已经按照审稿人的要求仔细修改过论文了，并对未作修改的地方要说明理由。

（2）给审稿人的回函：对审稿人表示感谢。对每个审稿人按照审稿意见中的顺序分别回复（response to reviewer 1，2，3），对每个审稿人的每个问题按顺序逐条应答。

对已作修改的地方，说明要具体，例如在哪一个section，page，lines等。

示例：

Section 3.2，paragraph 1，“predictive performance” → “prediction performance” .

To make this clearer，we have added an explanation of this phenomenon at the second paragraph of Section 4.4.

Page 1，line 8：“growing in the world” has been deleted.

Minor mistakes have been removed from the paper. For example，...

如果没有按照审稿意见修改，也要说明理由。

7.5.2.3 修回说明的格式

修回说明并不是论文的一个组成部分，一般是一个单独的文件。

期刊一般不会提供修回说明的模板，也没有统一的格式要求。作者只需做到方便审稿人阅读、内容结构清晰易懂就可以了。一般将修回说明写成word文档即可。

格式1：

如果在收到的审稿人意见中，已经将不同审稿人的审稿意见合并了，则可以回复为：

Reply to the comments on ×××–×××（MANUSCRIPT IDENTIFICATION NUMBER）.

Comment: ...（审稿人的原话）

Reply：...（回答的内容）

Comment (continued): ...（审稿人的原话）

Reply：…（回答的内容）

Comment (continued): ...（审稿人的原话）

Reply：...（回答的内容）

格式2：

如果在收到的审稿人意见中，不同审稿人的意见是分别提供的，则可以对审稿人分别回复：

Dear Editor：

Thank you for your kind letter of "××××××."（MANUSCRIPT IDENTIFICATION NUMBER）on November 20，2014. We revised the manuscript in accordance with the reviewers' comments，and carefully proof-read the manuscript to minimize typographical，grammatical，and bibliographical errors.

Here below is our description on revision according to the reviewers' comments.

Part A (Reviewer 1)

1. The reviewer's comment：...（审稿人的原话）

The authors' answer：...（回答的内容）

2. The reviewer's comment：...（审稿人的原话）

The authors' answer：...（回答的内容）

...

Part B (Reviewer 2)

1. The reviewer's comment：...（审稿人的原话）

The authors' answer：...（回答的内容）

2. The reviewer's comment：...（审稿人的原话）

The authors' answer：...（回答的内容）

……

Many grammatical or typographical errors have been revised. All the lines and pages indicated above are in the revised manuscript.

Thank you and all the reviewers for the kind advice.

Sincerely yours,

×× × ×××

7.5.2.4　修回说明的示例

① 给主编的修回说明示例

示例1：回复主编Response to Editor-in-Chief

Re: Reg. No. ST/2003 "Lignans and tannins from *Alchornea davidii* Franch. (Euphorbiaceae) and their chemotaxonomic significance"

Dear Prof. Waterman:

Thank you very much for your letter sent on Feb. 23，2003. I am pleased to send you two copies of our revised manuscript with its electronic copy enclosed herewith. The revision was made exactly according to the referee's suggestions. Particularly，the discussion part was modified by doing things like deleting the optical rotation symbols，and incorporating the suggested references in the appropriate place. The format of the cited references has been correctly given as BSE requires.

Appreciate in advance your patience and timely treatment of the manuscript!

I am looking forward to hearing from you.

Yours Sincerely,

××× ×××

示例2：回复主编Response to Editor-in-Chief

RE：Manuscript JIB 02-0912

Dear Prof. Dawson:

We have revised above manuscript taking fully consideration of the reviewers' suggestions. The answers to the reviewers' questions are attached in a separate letter.

We hope now the manuscript is suitable for publication in ××× ×××（JOURNAL NAME）.

Looking forward to hearing from you!

Yours Sincerely,

××× ×××

---

② 给审稿人的修回说明示例

示例1：回复综合审稿意见Revision Notes ——实例

Reply to Referee

We agree with the referee's comments. This manuscript has been revised exactly according to the referee's suggestions.

The referee suggested that our analytical methods did not support the statement about the racemic forms of compounds 1 and 2. We totally agree on this opinion. According to the referee's suggestion, we deleted the optical rotation symbols of compounds 1 and 2 in our present manuscript，and the DISCUSSION part has also been modified.

The literatures recommended by the referee have been retrieved and cited in this version.

The style of the references has been corrected according to the newly published BSE.

Finally，we thank referee's effective work and his constructive comments!

示例2：回复审稿人Reply to Reviewers ——实例

Respond to Referee

We totally agree on the referee's suggestions. This manuscript has been revised exactly according to the referee's opinion.

The modifications have been made as following：

Title："Franch." has been deleted.

Page 1，line 8："growing in the world" has been deleted.

Page 2，line 6："up to date" has been corrected as "to date".

Page 2，line 11：". and then" has been corrected as "and".

Page 2，line 12："from the EtOAc fraction" has been deleted.

Page 2，line 12："solvents" has been corrected as "solvent".

Page 2，line 17："the" has been deleted.

Page 3，line 11–13：The sentence "though the other types of constituents，such as triterpenoids，alkaloids，tannins and flavonoids，have been isolated from *Alchornea* species previously（Kunong *et al.*，1972；Setzer *et al.*，2000；Ogungbamila and Samuelsson，1990；Ogundipe *et al.*，2001）" has been deleted.

Page 4，line 2："the" has been deleted.

Page 4，line 8–9：The sentence "Further studies are required to clarified whether this phenomenon is the character of *A. davidii* or merely a fortuity." has been deleted.

Page 4, line 10: "genus" has been deleted.

Page 4, line 14: The typing error "7 and 8" has been corrected as "8 and 9".

Page 4, line 16: "form of metabolites" has been corrected as "type of metabolite".

Page 5, line 1: "placed" has been corrected as "moved".

Page 5, line 2: "implications" has been corrected as "value".

Fig. 1 has been deleted.

Finally, we thank referee's effective work and his constructive comments!

示例3：回复审稿人Reply to Reviewers ——实例

Reply to Reviewer 1

We agree with the reviewer's comments. The emphases of this paper are on the chemical aspects rather than biological ones. We have modified the introduction part according to the suggestions.

We agree that it is rather difficult to evaluate the biological properties comprehensively based on the current preliminary tests. Testing on tumor cell lines mentioned by the reviewer will surely benefit the understanding of the bioactivities of these complexes, and this work is undergoing at the moment.

Two figures on the biological effects have been reduced to one as indicated.

Reply to Reviewer 2

Originally we sought to prepare some metastable complexes in which the two linked moieties can separate and act independently or synergistically at their target. However, 5FU moiety was proved to be a nonleaving group in our experimental conditions. We agree that in this case the word "conjugates" may not be suitable and can be changed to "adducts".

Though the antitumor activity of complexes 1 and 2 is somewhat lower than that of CDDP and 5FU so far as melanoma B16-BL6 cell line is concerned, they still exhibit some activities comparable to the mother drugs, therefore "moderately active" rather than "notably active" is more appropriate.

As for potential mechanism of action of complex 1, we agree with the review's suggestions. The following statement was added in the discussion section:

……

7.6 发表或被拒

7.6.1 发表

从文稿的修回到发表，通常还会有些反复。发表周期的长短，不同期刊有很大差别。有的期刊也许要经过一段漫长的时间文章才发表出来。此阶段要经常登录投稿系统或登录邮箱检查邮件，查看进展情况。

如果不需要再修改，期刊会和论文的联系作者联系，完成版权转让。国际上很多好的期刊不需要版面费。

一段时间后，论文就可以网上可见了。到指定时间，论文就印刷出版了。至此，论文的投稿已经全部结束。

如果该期刊被SCI/EI收录，一般会在出版后的一段时间后被索引。届时发表的论文就可在SCI/EI中检索到。

7.6.2 被拒

被拒稿是不愉快的，但也是很正常的。一般科技期刊的录用率不到30%，高层次期刊的录用率不到10%。

对被拒稿要查找原因，大多数的编辑都会对退稿给出详细的意见，要认真倾听评审意见。不要放弃，每位作者都会有退稿经历。再试一次，完善稿件，投给其他期刊。

7.7 投稿注意要点和状态术语

7.7.1 国际期刊投稿注意要点

（1）确定一个为投稿和以后交流所用的邮箱。可以使用本单位的邮箱，如高校或研究所的邮箱，显得比较正规；也可使用一些大门户网站的国际通用邮箱。QQ邮箱显得很不正规，有些小门户网站的邮箱可能靠不住。

（2）事先准备好投稿信（cover letter）。注意该期刊对投稿信的内容是否有明确要求。有的期刊在投稿须知中明确要求，在投稿信中必须做出一些申明，例如无一稿两投、无泄密、无版权纠纷等。

（3）注意该期刊对稿件格式（file formats）的要求。

（4）注意该期刊是否要求作者提供一些审稿人名字。如果要求，须提供这些审稿人的地址和电子信箱。

（5）在线投稿后要记住自己的文章编号（the manuscript identification number）。以后与编辑联系的时候，就可以在email邮件主题中写上自己的文章编号。

（6）对于审稿人的意见，要逐条回答。你做了哪些修改，让编辑一目了然。一般情况是同一位审稿人一审到底，一直到审稿人没有意见为止。

（7）校正清样时，注意基金号是否写错，作者名字是否写错（大部分期刊是不允许投稿后增减作者的）。有的期刊清样校正后的稿子是不允许再改动的。再改动是要收费的，而且延误出版。

（8）按照要求签署版权转让协议书（assignment of copyright），注意什么地方要打印，什么地方要手写，什么时间必须返回协议书。

（9）交纳所有费用。编辑部一般会给你一个详单，例如出版彩图的费用，需要单行本（也叫抽印本，reprints或offprints）的费用等。还会询问支付方式，是用信用卡（credit card）还是支票（check）等。

7.7.2 国际期刊投稿状态术语

（1）Submitted to Journal　刚提交的状态。

（2）Manuscript Received by Editorial Office　你的文章到了编辑手里了，证明投稿成功。

（3）With Editor　如果在投稿的时候没有要求选择编辑，就先到主编那里，主编会分派给别的编辑。这当中就会有另两个状态：

① Awaiting Editor Assignment：指派责任编辑。

② Editor Declined Invitation：编辑接手处理，邀请审稿人。

（4）随后也会有两种状态：

① Decision Letter Being Prepared：编辑没找审稿人就自己决定了：英文太差，让你修改；或内容太差，拒绝。

② Reviewer invited：编辑找到审稿人了，开始审稿。

（5）Under Review　审稿中。

这应该是一个漫长的等待。当然前面各步骤也可能很慢的，要看编辑的处理情况。如果被邀请审稿人不想审，就会谢绝，编辑会重新邀请别的审稿人。

（6）Required Reviews Completed　审稿人的意见已上传，审稿结束，等待编辑决定。

（7）Evaluating Recommendation　正在评估审稿人的意见，随后你将收到编辑给你的决定。

（8）Minor Revision/Major Revision　说明文章问题不大了，因为有修改就有可能。

（9）Revision Submitted to Journal　又开始了一个循环。

（10）Accepted　稿件已被录用。

（11）Transfer Copyright Form　签署版权协议。

（12）Uncorrected Proof　等待你校对样稿。

（13）In Press，Corrected Proof　文章在印刷中，且该清样已经过作者校对。

（14）Manuscript Sent to Production　排版。

（15）In Production　出版中。

（16）Camera-ready Paper　可以付印的正式稿件。

（17）Graphical Abstract　图文摘要，一个能够突出你文章特色的图。

■ 本章小结

国际期刊投稿的基本流程包括：选择目标期刊→准备稿件→提交稿件→编辑处理稿件和专家评审→修改稿件→接收或被拒。

1．锁定期刊

可以依据文章内容和创新程度选择期刊，可以通过期刊本身或作者评价了解目标期刊。要通过期刊印刷本或期刊网站的主页获取投稿须知，并认真研读。

2．准备稿件

按照科技论文写作规范，并参照投稿须知的要求，认真撰写论文文稿。

3．提交稿件

投稿信（cover letter）是投稿必需的文本。投稿信的主要内容包括文稿的作者和题目，文章的原创性和主要结论，以及通信作者的联系方式。

现在大多数期刊均设立网上在线投稿系统，在线投稿的一般程序为：进入出版公司主页→找到拟投稿期刊→进入该期刊的论文投稿系统→阅读“投稿须知”→申请账号注册并登录提交系统→按照提示，一步步地完成各个提交项目。

4．专家评审

文稿通常由本学科领域的2～3名评审专家评审。评审之后，作者通常会收到主编的信（covering letter）和审稿人意见（reviewers' comments）。

5．稿件退修

要认真阅读、完全读懂审稿人的评审意见，对于必须修改、补充或解释的，必须逐条进行修改、补充或解释；对于可以不予理会甚至找个理由直接拒绝的意见，酌情处理。

在修改完毕后，需要撰写给审稿人和主编看的回复函件，目的是让主编和审稿人能够快速地知道论文的哪些地方做了哪些修改，以及作者是怎么回答审稿人提出的问题的。

6．发表或被拒

如果文稿已经符合了期刊的要求，可以正式发表；如果仍然达不到，则会被拒稿，可修改后另投他刊。

APPENDIX

附录 拓展阅读材料

本书的正文内容结束了。任何一本介绍科技论文写作的书，内容都会有局限性。在此推荐一些与科技论文写作相关的标准、规范和经典图书，作为读者的拓展性阅读读物。

1 标准规范

1.1 国家标准

标准号	标准名称	应用场合
GB* 3100—1993	国际单位制及其应用	运用SI计量单位
GB* 3101—1993	有关量、单位和符号的一般原则	运用物理量及其符号、单位及其符号
GB* 3102.1~13—1993	量和单位	运用13个学科领域采用的量和单位
GB* 3259—1992	中文书刊名称汉语拼音拼写法	拼写刊名的汉语拼音
GB/T 3358.1~3—1993	统计学术语	编制统计数据表
GB/T 3469—2013	信息资源的内容形式和媒体类型标识	选择参考文献的类型代码
GB/T 3860—2009	文献主题标引规则	选择论文的关键词
GB* 6447—1986	文摘编写规则	编写文章摘要（参见GB 7713—1987*）
GB/T 7408—2005	数据元和交换格式 信息交换 日期和时间表示法	表达日期和时刻
GB* 7713—1987	科学技术报告、学位论文和学术论文的编写格式	撰写和编排3种科技文献应遵循的重要标准
GB/T 7713.1—2006	学位论文编写规则	对GB* 7713—1987的补充
GB/T 7714—2005	文后参考文献著录规则	著录文后参考文献

续表

标准号	标准名称	应用场合
GB* 8170—2008	数值修约规则	处理数据进行数值修约
GB/T 15834—2011	标点符号用法	每一个词组、句子都要斟酌使用
GB/T 15835—2011	出版物上数字用法的规定	正确表达数据、数值、数字
GB/T 16159—2012	汉语拼音正词法基本规则	拼写中国人名、地名、书刊名时执行。但在拼写作者姓名时，可以执行CAJ-CD B/T 1—2007的规定

注：

1 标准代码：GB*：尚未修订的强制性国家标准；GB/T：推荐性国家标准；GB：强制性国家标准。

2 标准号：国家标准的标准号至少由标准的代号、编号、发布年代3部分组成。

在标准清理整顿前（20世纪90年代中期以前）出版的、现尚未修订国家标准，其标准号存在两个问题：① 标准的代号的属性（强制性标准或推荐性标准）没有区分；② 发布年代的标注没有用4位数表示，例如1993写为93，但在引用标准时有时写为4位数年号。

1.2 行业标准或规范

标准序号	标准名称	应用场合
CY/T 35—2001	科技文献的章节编号方法	科技书刊各层次序号的编排
CAJ-CD B/T 1—2007	中国学术期刊（光盘版）检索与评价数据规范（修订版）	进入中国学术期刊（光盘版）的期刊应当执行
	中国高等学校自然科学学报编排规范（修订版）	高等学校自然科学学报
	中国高等学校社会科学学报编排规范（修订版）	高等学校社会科学学报
	中国科学院自然科学期刊编排格式规范	中国科学院自然科学期刊

注：CY/T是出版印刷行业推荐标准。

1.3 国际标准

标准序号	标准名称	应用场合
ISO 4：1997 (E)	Information and documentation - Rules for the abbreviation of title words and titles of publications	《信息与文献——出版物题名用语和标题的缩写规则》，用于文后参考文献著录中，对西文刊名缩写时。
ISO 18：1981 (E)	Documentation-Contents list of periodicals	《文献工作——期刊目次表》，用于期刊目次的著录中。
ISO 215：1986 (E)	Documentation-Presentation of contributions to periodicals and other serials	《文献工作——向期或其他连续出版物投稿表述》，用于撰写论文时。
ISO 690：1987 (E)	Documentation - Bibliographic references - content, form and structure	《文献工作——参考文献：内容、形式与结构》，文后参考文献著录中。
ISO 690-2：1997 (E)	Information and documentation - Bibliographic references - Part 2：Electronic documents or parts thereof	《信息和文献工作——参考文献：第2部分 电子文献部分》。
ISO 832：1994 (E)	Information and documentation - Bibliographic description and references - Rules for the abbreviation of bibliographic terms	《信息和文献工作——参考文献：文献术语缩写规则》，用于刊名和其他术语的缩写。

续表

标准序号	标准名称	应用场合
ISO 999：1996 (E)	Information and documentation - Guidelines for the content，organization and presentation of indexes	《信息和文献工作——索引的内容、结构和表述指南》，用于编制索引。
ISO 5966：1981 (E)	Documentation - Presentation of scientific and technical reports	《文献工作——科学技术报告的表述》，用于撰写科学技术报告时。
ISO 7098：1982 (E)	Documentation - Romanization of Chinese	《文献工作——中文拉丁化》，用于汉语拼音拼写时。
ISO 7144：1986 (E)	Documentation - Presentation of theses and similar documents	《文献工作——学术论文和类似文献的表述》，用于学术论文编排时。

注：ISO国际标准（顺序号和批准年之后的(E)表示英文版）。

2 阅读书目

2.1 《作者编辑常用标准及规范》

由新闻出版总署科技发展司、新闻出版总署图书出版管理司和中国标准出版社共同主编，中国标准出版社出版。1997年初版，2008年出版第三版。

该书汇编收集了我国已发布了的一系列与作者撰写文稿以及编辑出版工作有关的法律法规、标准和规范。第三版共收入国家相关方面重要规范文件5个、国家标准57项、行业标准5项、语言文字方面的规范文件16个、量和单位符号中英文名称资料1篇、学报编排规范1个，另外在附录里面收入了编校质量差错认定细则2篇。全书按内容分成8个部分，包括：① 数字、文字；② 译写规则；③ 量和单位；④ 图书、期刊、论文的编排；⑤ 辞书编纂；⑥ 语种及有关代码；⑦书刊编号；⑧其他。

该书可供出版界管理人员、广大作者，以及出版社、期刊杂志社、报社的编辑工作者使用，也可供有关高等院校师生参考。

2.2 *How to Write and Publish a Scientific Paper*《如何撰写和发表科学论文》

作者Robert A. Day博士为美国Delaware大学的英文教授，担任相关专业科技写作课程的授课工作。

作者以他在Rutgrs大学微生物学院讲授科技写作课程的讲义为基础，于1979年出版了本书的第一版，在此后的30多年中又多次修订再版。本书广受研究生和科研人员的欢迎，已经被全世界上百所院校采纳为科技写作方面的教科书或参考书。

该书于1979年出版的第1版，由高志雄等翻译成中译本《如何撰写和发表科学论文》，由浙江科学技术出版社1986出版。

该书于2006年出版的第6版，由曾剑芬等翻译成中译本《科技论文写作与发表教程（第6版）》，由电子工业出版社2006年出版。其英文原版影印本也由北京大学出版社2007年印刷发行。第6版分为8编41章。

该书于2011年出版第7版，由顾良军等翻译成中译本《科技论文写作与发表教程（第7版）》，由中国协和医科大学出版社2013年出版。第7版分为8部分41章，与第6版的框架结构基本雷同。主要阐述了科技论文的各个要素、论文投稿和发表过程中应注意的事项、如何进行会议交流、准备会议摘要、口头陈述论文、撰写海报和会议报告以及基金申请书等其他文章的写作等。

2.3 *The Chicago Manual of Style*《芝加哥格式手册》

该手册全名为The Chicago Manual of Style：The Essential Guide for Writers，Editors & Publishers（《芝加哥手册——写作、编辑和出版指南》），简称CMS。

该手册第一版于1906年问世，系汇集芝加哥大学出版社（University of Chicago Press）有关审稿、编辑、印刷及出版的各种规格而成。最初是为了方便该出版社内部工作人员的参考，其后各大学的论文写作课及一些出版社相继采用，广为发行。该手册随时代的发展而不断补充修订，至2010年已出第十六版，篇幅也扩充至2400余页。

该手册是一个适用于美国英语的格式指南，囊括了几乎学术写作和编辑所涉及各个细节，现已成为论文写作与出版界的最重要参考工具。出版商和编辑在遇到文本所表述的问题时，通常会将该手册列为最终的标准。因其知名度甚高，常简称为《芝加哥手册》（*The Chicago Manual*）。

由于《芝加哥手册》篇幅甚大，参考时稍嫌繁琐。为了适应大学本科生、硕士和博士研究生撰写课程论文和学位论文的需求，芝加哥大学出版社出版了*A Manual for Writers of Term Papers, Theses, and Dissertations*（《博士论文硕士论文与学期报告著者手册》）。这本手册是以《芝加哥手册》为基础的简编。很多大学的博硕士论文格式，多以该手册为准。这本手册至1996年已发行第6版。

2.4 其他学术写作指南

Websters' Standard American Style Manual（《韦伯美国标准写作手册》）：也是十分通行的学术写作指南。

MLA Handbook for Writers of Research Papers（《MLA论文写作手册》）：美国现代语言学会（Modern Language Association）为语言文学研究制定的。

Publication Manual of the American Psychological Association（《美国心理学会出版手册》，简称为《APA格式手册》）：美国心理学会（American Psychological Association）为本学科编辑的。

这些手册的主要内容实际上都大同小异，但针对本领域也有特殊的规定。